Birgit Klose

# Ab ins Grüne

## Ausflüge rund um Bremen



via reise verlag

# Inhalt

NORDOST

SÜDOST

SÜDWEST

NORDWEST

Liebe Leserinnen und Leser,

alle Angaben in diesem Ausflugsführer sind gewissenhaft geprüft. Trotz gründlicher Recherche unserer Autoren/innen können sich manchmal Fehler einschleichen. Wir bitten um Verständnis, dass der Verlag dafür keine Haftung übernehmen kann. Über Hinweise, Berichtigungen und Ergänzungsvorschläge freuen wir uns jederzeit.

via reise verlag
Lehderstraße 16-19
13086 Berlin

E-mail: post@viareise.de
www.viareise.de



ISBN: 978-3-935029-28-5

**Text und Recherche:**
Birgit Klose

**Redaktion:**
Klaus Scheddel, Stefanie Pott

**Herstellung und Gestaltung:**
Tanja Onken via reise verlag, Berlin
**Layoutgrundlage:**
Boris Buchholz AGD, Berlin
**Kartografie:**
Vervielfältigt mir Erlaubnis des Herausgebers: Niedersächsisches Vermessungs- und Katasterverwaltung LGN, Auftragsnummer D00014163
**Bearbeitung:** Tanja Onken via reise verlag

**Druck:** Westermann Druck Zwickau GmbH

Informationen über Reisen und Ausflüge in Bremen bekommt man auch bei der Bremer Tourismus-Zentrale (BTZ): www.bremen-tourism.de

**Fotos:**
Ammerland-Tourist-Information 124; Bad Zwischenahn Touristik GmbH 134, 136; BIS Büro Bremerhaven-Werbung 48, 49; BTZ Bremer Touristik-Zentrale 15; Peter Cordes 78/79, 82; DümmerWeserLand Touristik 92, 93; Flecken Ottersberg 57; Brigitte Garde 27; Gemeinde Dötlingen 100, 101; Gemeinde Hatten 108/109; Rolf Hering Umschlag vorn; 43, Melanie Högemann 30; Birgit Klose Umschlagklappe vorn, 13, 39, 45, 52, 54/55, 65, 72, 73, 90, 97, 104, 107, 113, 116, 120, 129, 135; Karsten Knobloch/Pixelio 53; Joachim Kothe 76; T. Krüger 87; Rüdiger Lubricht 25, 35, 36; Nordenham Marketing & Touristik e.V. 140; Rolf Plühmer/Pixelio 69; Stadt Twistringen 83; Andreas Stampa 61; Anja Steffen 1, Umschlag Rückseite; Tourismus-Service Bruchhausen-Vilsen 77; Touristikverein Schwanewede 8/9, 20; VBN/ Martin Herrmann 127.

**Umschlagfoto vorn:**
Strand auf Harriersand
**Foto Seite 1:** Kanutour auf der Hamme

# Wochenend und Sonnenschein…

Ja – wohin? Vielen fallen da immer die gleichen Ziele ein, die zwar schön sind, aber mit der Zeit auch langweilig werden. Dabei ist unsere Region vielfältiger, als wir oft glauben. Beim Schmökern in diesem Buch können Sie immer wieder neue Ausflugsziele entdecken. Direkt vor Ihrer Haustür finden Sie naturnahe, idyllische Landschaften, reizvolle Badeseen, Schlösser mit „echten" Grafen, außergewöhnliche Museen und vieles mehr.

Dieser Tourenführer möchte Sie anregen, die Gegend rund um Bremen umweltfreundlich neu kennen zu lernen. Von der Wesermarsch bis zum Dümmer See, vom Zwischenahner Meer bis an die Aller haben wir für Sie 32 Tagesausflüge erkundet. Alle Touren beginnen und enden an Bahnhöfen oder Haltestellen von Bahn und Bus.

Die Bahn fährt im Verbundgebiet des VBN (Verkehrsverbund Bremen/Niedersachsen) in festen Taktzeiten, die bei unseren Touren angegeben sind. Die genauen Fahrzeiten kann man unter anderem im Internet erfahren. Etwas mehr Vorbereitung ist nötig, wenn man sich abseits der regulären Bahnstrecken bewegt. Museumszüge, wie zum Beispiel der Moorexpress, fahren nicht ganzjährig und nur an bestimmtem Tagen.

Für Wanderungen per Rad oder zu Fuß empfiehlt sich eine Mindestausstattung. Dazu gehört ein Rucksack oder Packtaschen mit einem Getränk, etwas zu essen, ein Erste-Hilfe-Set mit Insektenschutz (Zecken), Fahrradflickzeug, Regenjacke und eine Rad-/Wanderkarte.

Aber nun wollen wir Sie nicht länger aufhalten – suchen Sie sich Ihren Ausflug aus und dann – Ab ins Grüne!

Birgit Klose

P.S.: Ganz herzlich bedanken möchte ich mich bei Hannah Grundey, die mich mit ihrem Erfahrungsschatz als Radtourenleiterin in der Bremer Region sehr unterstützt hat.

**Die Autorin**
Die Landschafts- und Freiraumplanerin Birgit Klose, geboren 1959, lebt seit 17 Jahren in Bremen. Sie verfasst regelmäßig Publikationen zu touristischen Themen und zur umweltfreundlichen Mobilität für den Allgemeinen Deutschen Fahrradclub (ADFC).

# Mit dem VBN durch die Region

**Rufen Sie uns an,**

wenn Sie Informationen und Tipps zu Fahrtmöglichkeiten und Fahrpreisauskünften wünschen.

**Verkehrsverbund Bremen/ Niedersachsen GmbH**
Willy-Brandt-Platz 7
28215 Bremen
**✆ (0 18 05) 826 826**
(0,14 €/Min.)

info@vbn.de
www.vbn.de

Haben Sie sich schon für eine Tour entschieden? Ob allein, mit Freunden oder Familie, starten Sie Ihren Ausflug doch einfach mal mit den Bussen und Bahnen des VBN.

Unser Verkehrsgebiet erstreckt sich von der Nordseeküste bis an die Landesgrenze Nordrhein-Westfalens, vom Landkreis Ammerland bis in den Landkreis Rotenburg/W. sowie in südöstlicher Richtung bis nach Hoya und Eystrup im Landkreis Nienburg (Umschlagklappe hinten). Neben den niedersächsischen Landkreisen und Gemeinden gehören auch die norddeutschen kreisfreien Städte Bremen, Bremerhaven, Delmenhorst und Oldenburg zum VBN-Land.

Und das Gute ist: Über 30 verschiedene Bahn- und Busunternehmen haben sich in diesem Gebiet zu unserem Verkehrsverbund zusammengeschlossen. Somit können Sie alle Busse, Straßenbahnen und Nahverkehrszüge mit nur einem Ticket benutzen und umsteigen, so oft Sie wollen, ohne ein weiteres Ticket zu lösen!

Für Ihre Fahrt durch das VBN-Land bieten wir eine Reihe von attraktiven Ticketangeboten an. So z. B. unser TagesTicket bzw. TagesTicket PLUS, das SchönesWochenendeTicket oder das NiedersachsenTicket. Gerne beraten wir Sie, welches Ticket und welche Verbindung für Sie die beste ist. Wir freuen uns auf Ihren Anruf und helfen Ihnen gerne weiter.

Ihren **persönlichen Fahrplan** können Sie sich im Internet unter www.vbn.de erstellen. Als weiteren Service bieten wir Ihnen dort auch Umgebungskarten und Fahrpläne zum Ausdrucken. Selbstverständlich können Sie die Fahrzeiten auch telefonisch unter (0 18 05) 826 826 (0,14 €/Min.) erfragen. Neu ist unsere Handy-Fahrplanauskunft. Mit diesem neuen Service können Sie die Fahrpläne auf das Handy laden und jederzeit unterwegs abrufen und ansehen. Mehr Infos erhalten Sie unter: www.vbn.de/mobil

### TagesTicket

Es gilt für beliebig viele Fahrten an einem Tag. Es ist übertragbar und bietet Ihnen die Möglichkeit, 2 Kinder unter 15 Jahre kostenlos mitzunehmen.

### TagesTicket PLUS

Es gilt wie das TagesTicket, bietet Ihnen aber die Möglichkeit, einen weiteren Erwachsenen und bis zu vier Kinder unter 15 Jahre mitzunehmen.

### SchönesWochenendeTicket

Es gilt samstags oder sonntags für beliebig viele Fahrten innerhalb des Verbundes und darüber hinaus. Es kann von bis zu 5 Personen oder Eltern und/oder Großeltern (max. 2 Erwachsene) mit beliebig vielen eigenen Kindern bzw. Enkeln unter 15 Jahre genutzt werden. Einige Nachtlinien sind zuschlagpflichtig.

### NiedersachsenTicket

Es gilt am angegebenen Geltungstag für beliebig viele Fahrten innerhalb des Verbundes und darüber hinaus (Mo–Fr ab 9 Uhr) und kann von bis zu 5 Personen oder Eltern und oder Großeltern (max. 2 Erwachsene) mit beliebig vielen eigenen Kindern bzw. Enkeln unter 15 Jahre genutzt werden. Einige Nachtlinien sind zuschlagpflichtig. Das NiedersachsenTicket gibt es auch als Single-Ticket für eine Person.

Sie sind VBN-Abonnent und haben unser **JahresTicket PLUS** bzw. **365 Tage-Ticket PLUS.** Dann möchten wir Sie daran erinnern, dass diese Tickets die Möglichkeit bieten, Mo–Fr ab 19 Uhr sowie samstags, sonntags und an Feiertagen einen weiteren Erwachsenen und bis zu 4 Kinder zwischen 6 und 14 Jahren kostenlos mitzunehmen. Darüber hinaus kann das JahresTicket PLUS am Wochenende und an Feiertagen unabhängig von der Preisstufe verbundweit genutzt werden. Das gilt auch für die mitgenommenen Personen.

Wir wünschen Ihnen bei Ihrer Tour durchs VBN-Land viel Spaß und gute Fahrt in unseren Bussen und Bahnen.

Ihr Verkehrsverbund Bremen/Niedersachsen

### Fahrradmitnahme

Sie wollen auf Ihrer Tour ein Fahrrad mitnehmen?

**Kein Problem – denn in den Bussen und Bahnen des VBN können grundsätzlich Fahrräder mitgenommen werden.**

Sie benötigen für Ihre Fahrt zusätzlich nur ein FahrradTicket.
Achtung: Bei der Nord WestBahn besteht eine Reservierungspflicht, ☎ (0 18 05) 60 01 61 (0,14 €/Min.), und ebenfalls bei der metronom Eisenbahngesellschaft mbH (ab 6 Personen mit Fahrrädern).

Wassermühle in
Meyenburg
▸ Seite 20

# NORDOST

**Paddeltour und Wanderung**

**Start**
Kanuscheune Lilienthal

**Anfahrt**
Straßenbahn 4 bis Borgfeld, evtl. umsteigen in Bus 30/30S (1 Station)

**Ziel**
Gaststätte Dammsiel

**Länge**
Paddeltour: 14 km

**Dauer**
ca. 3 Stunden

**Rückfahrt**
Wanderung nach Bhf. Ritterhude (6 km, stündlicher Zugverkehr) oder Bremen-Burg (7 km, Zug alle 20 Min. nach Bremen Hbf)

WÜMMETOUR

# Mit dem Paddelboot auf der Wümme

**Vom Wasser aus die Natur erleben: Diese gemütliche Paddeltour ins Niederblockland führt uns von Lilienthal auf einem schönen Stück der Wümme entlang. An unserem Zielort, der Gaststätte Dammsiel, können wir uns mit Blick aufs Wasser erholen. Zu Fuß geht's weiter durchs Blockland und mit dem Zug nach Bremen zurück.**

Bei ablaufendem Wasser starten wir mit unserem Boot am Anleger an der Wörpe und paddeln unter der Borgfelder Brücke durch. Kurz danach mündet die Wörpe in die Wümme – und wir befinden uns nun auf einem wunderschönen Flussabschnitt des Wümmehauptarms. Motorboote sind hier verboten. Und so hören wir bald nur noch leises Plätschern, zartes Quaken, Summen und Zwitschern. und wir fühlen uns weit ab vom Lärm der Großstadt.

Die Wümme ist der 118 km lange, südliche Quellfluss der Lesum. Sie fließt durch Niedersachsen und Bremen und gehört zu den saubersten Flüssen Norddeutschlands. Die Wümme entspringt in der Lüneburger Heide. Ihre Quelle befindet sich am Wilseder Berg, von dem sie durch naturbelassene Regionen fließt. Die Wümme ist in ihrem gesamten Verlauf unter Natur- oder Landschaftsschutz gestellt. Sie gehört zum europäischen Schutzgebiet „Natura 2000".

Aus unserer Frosch- oder besser: Padlerperspektive vom Wasser aus wirkt die Landschaft ganz anders als vom Land her. Wir schauen den Kühen auf die Bäuche und blicken auf die Ufersäume mit Röhrrichten sowie auf die weiten Wiesen und Weiden des Blocklands (▸ Seite 14). Auch typische Auengehölze wie Weiden und Erlen säumen streckenweise unseren Flussabschnitt. Mit etwas Glück können wir Vögel, Libellen und Bisams beobachten.

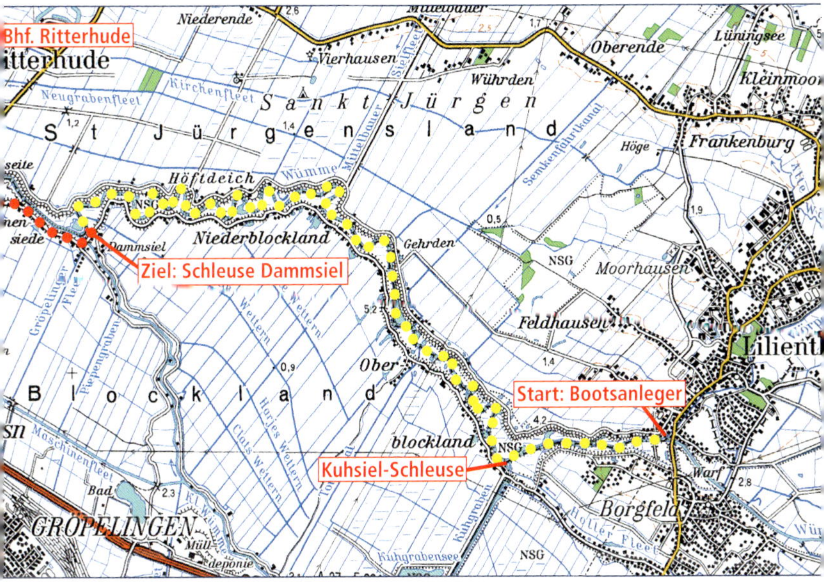


Mit der kräftigen Strömung der tideabhängigen Wümme kommen wir meist gut voran und gelangen schon bald zur Kuhsielschleuse und zur Schleuse Gartelmann am Torfkanal (Semkenfahrt), die wir aber beide links liegen lassen.

Stattdessen bleiben wir weiter auf der Wümme mit ihren sanften Windungen und kommen unterwegs immer wieder an Altarmen und Kolken (kleine Vertiefungen und Teiche) vorbei, die ökologisch besonders wertvoll sind und deshalb nicht befahren werden dürfen. Hier finden sich schützenswerte Vogelarten wie Wiesenweihe, Wachtelkönig, Bekassine, Uferschnepfe und Sumpfohreule sowie vom Aussterben bedrohte Libellenarten (Grüne Mosaikjungfer, Hochmoor-Mosaikjungfer und Späte Adonislibelle).

Auf unserer Route passieren wir einige Gartenlokale (▸ Seite 12), deren Stege an der Wümme für eine Pause gut angesteuert werden können. Die Gastwirte sind meist sehr paddlerfreundlich und wir können uns dort auch mit rustikaler Kleidung bedenkenlos niederlassen. Das Schwimmen ist hier nicht empfehlenswert, da die Wasserquali-

**Kanuscheune**
Hauptstraße 2
28865 Lilienthal
☎ (0 42 98) 69 75 95
Mai–Sept. Mo–Fr 10–19, Sa 9–16 Uhr
Bootausleihe/1 Tag (inkl. Schwimmwesten und Einweisung):
1er Kajak 20 €, 2er Kajak 28 €, 2-3er Canadier 28 €, 4er Canadier 30 €
Bootsrücktransport (1-2 Boote): ca. 15 €

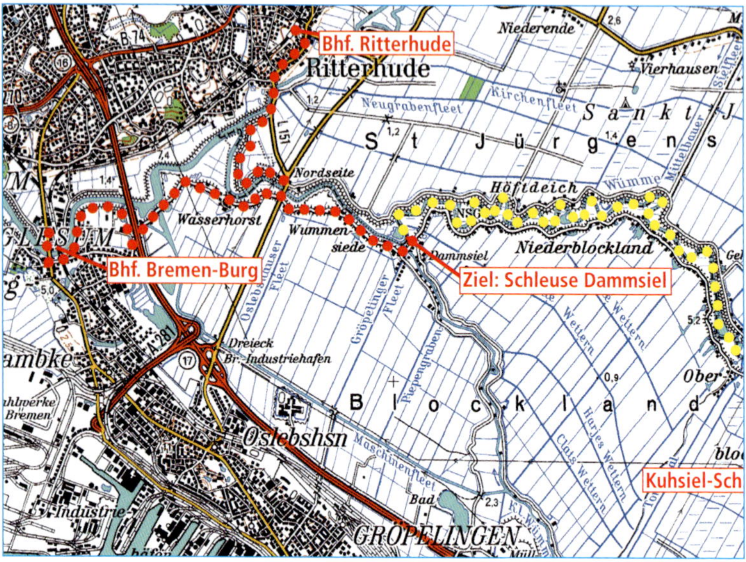


**Wümmeblick Höftdeich**
Höftdeich 11
28865 Lilienthal
( (0 42 92) 95 16
April–Sept. Mo, Do– So 11–23, Mi 15–23 Uhr
Okt.- März Do–So 11–23 Uhr
Rustikale Küche mit Gerichten wie Spanferkel, Grünkohl und Brataal, Sommerterrasse

**Gasthaus Dammsiel**
Niederblockland 32
28357 Bremen
( (04 21) 64 07 33
www.dammsiel.de
Apr.–Sept.: Di ab 15 Uhr, Mi–Fr ab 11 Uhr, Sa, So ab 10 Uhr
Restaurant & Sommergarten, deftige Küche, selbstgemachter Kuchen (sehr lecker!!)

tät an dieser Stelle eher bescheiden ist.

An der **Dammsielschleuse** fließen Wümme und Kleine Wümme zusammen. Hier endet auch unsere Paddeltour. Wir steigen beim Anleger der Gaststätte Dammsiel aus. Von hier aus lässt sich auch das Schleusen gut beobachten. Halbstündlich findet der Vorgang statt. Der Schleusenwärter ist zugleich auch Gastwirt des beliebten Gartenlokals, in das wir nach unserer Tour einkehren werden. In der Gaststätte warten wir auf das Abholen der Boote.

Gut gestärkt brechen wir dann zu Fuß zur letzten Etappe unseres Ausflugs auf: Wir wandern entlang der Wümme nach **Ritterhude** (ca. 1½ Std.) oder über Wasserburg nach **Bremen-Burg** (1¾ Std.). Beide Wege sind ausgeschilderte Radrouten des Grünen Ringes, denen man aber auch gut zu Fuß folgen kann.

Die begeisterten Wassersportler unter uns paddeln natürlich – wenn es die Tide zulässt - die gesamte Strecke wieder zurück bis nach Lilienthal.

Mit dem Kanu auf der Wümme

# Kanu fahren auf der Wümme

### Tide

Die Wümme ist tide-, das heißt gezeitenabhängig und nur vom 1. Mai bis 30. September zu befahren. Die Beachtung der Tide zur Planung der Tour ist unerlässlich, damit immer mit der Strömung gepaddelt werden kann. Informationen erhält man beim Bootsverleih oder unter:

www. bsh.de/de/Meeresdaten/Vorhersagen/Gezeiten/index.jsp (3-Tage-Vorrausschau).

**Landes-Kanu-Verband Bremen e.V.**
Gießener Str. 35
28215 Bremen
www.lkv-bremen.de
Ansprechpartner, Touren, Tipps

### Auf Sicherheit achten

Wichtig beim Paddeln ist das Einpacken von Wechselkleidung, Handtuch, Kopfbedeckung, Sonnenbrille, Sonnen- und Mückenschutzmittel sowie ausreichend Trinkwasser. Gepäck wasserdicht verpacken. Auch erfahrene Paddler können kentern! In diesem Fall ist es wichtig, ruhig Blut zu bewahren, das Boot und das Gepäck an Land zu bringen und sich dort umzuziehen.

Radtour
Skatertour

**Start**
Straßenbahn 6
Haltestelle Univesität
NW 1

**Ziel**
Fähranleger an der
Moorlosen Kirche

**Länge**
ca. 25 km

**Dauer**
Radtour 2 Stunden
(ohne Pausen)

**Rückfahrt**
Hal över-Anleger bis
Bremen/Martinianleger
fährt in der Saison 1x
tgl., ca. 18 Uhr)

**Rückfahrt alternativ**
Bhf Vegesack
R1 alle 30 Min. nach
Bremen Hbf

**Hof Bavendamm (Landschaftspflegehof)**
Waller Straße 300
28719 Bremen-Wummensiede
( (04 21) 64 19 99
Verkauf von biologisch erzeugtem Rind- und Lammfleisch (nach Bestellung). Verschiedene Angebote wie Hofrundgang mit Kaffee und Kuchen, Planwagen-/Kutschfahrt nach Voranmeldung.

BLOCKLAND

# Blocklandtour zur Moorlosen Kirche

**Von der Stadt in die Natur: Auf meist glatten Asphaltwegen radeln oder skaten wir zunächst den Stadtwald entlang und folgen dann dem Lauf der Kleinen Wümme. Später besuchen wir im Werderland die Moorlosen Kirche und erholen uns mit herrlichen Blick auf die Weser. Zurück geht's mit dem Schiff der „Hal över" Schreiber-Reederei – oder mit dem Zug ab Vegesack.**

Wir starten an der Universitätsallee und kommen an der großen glänzenden Muschel des Universumgeländes vorbei. Hier verweilen wir dieses Mal nicht, sondern fahren weiter und queren die Parkallee.

Vom Wetterungsweg aus passieren wir das Ausflugslokal Haus am Walde folgen wir nun der Radroutenausschilderung des Grünen Ringes in Richtung Vegesack/Dammsiel. Unterwegs queren wir den Hochschulring und fahren unter der Autobahn A27 durch. Nach einer Weile nimmt der Geräuschpegel wieder ab und es wird himmlisch still. Wir haben die Wiesenlandschaft des Blocklandes erreicht,

An der neugebauten Brücke über die **Kleine Wümme** machen wir einen Stopp und orientieren uns in Richtung Walle/Waller Feldmarksee. Auf der anderen Seite des Flüsschens halten wir uns gleich wieder nach rechts in Richtung Ritterhude/Dammsiel. Jetzt radeln wir auf der linken Wümmeseite entlang. Einzelgehöfte, teils reetgedeckte Häuser, liebevoll gestaltete Wochenendgrundstücke sowie mehrere Gaststätten säumen unseren Weg. Auf unserem Weg zur Moorlosen Kirche können unterschiedlichste Rinderrassen oder Schafe beim Grasen beobachtet werden. Auch  gibt es einige geschützte Vogelarten wie Graureiher und Kiebitze zu sehen.

Ursprünglich war das heute als Landschafts-

Sommeridyll: An der Wümme liegen schöne Gartenlokale

schutzgebiet ausgewiesene **Blockland** eine schwer zugängliche Sumpflandschaft, die von Jägern und Fischern besiedelt wurde. Ihre Höfe standen auf Warften, die durch den Deich- und Sielbau immer mehr hochwassergefährdet waren. Erst im 12. Jahrhundert wurde das Land für die Grünlandwirtschaft und Rinderhaltung kultiviert, mit Gräben und Kanälen entwässert und eingedeicht. Die Menschen siedelten auf den Wümmedeich um.

Allerdings hielten die Deiche den immer wiederkehrenden großen Wassermassen und Überschwemmungen viele Male nicht stand. Man kann heute noch mehrere Teiche im Blockland entdecken, die durch Deichbrüche entstanden sind.

Auf unserer Tour kommen wir auch durch das kleine und beschauliche alte Kirchendorf **Wasserhorst**, das mit seiner auf einem sechs Meter hohen Hügel stehenden Kirche aus dem 12. Jahrhundert mit Friedhof sehr einladend wirkt. Der Ort hat gerade einmal 100 Einwohner, wirkt abgelegen und gleichzeitig sehr freundlich.

**Dorfkirche Wasserhorst**
Wasserhorst 12b
28719 Bremen
Besichtigung für Gruppen nach Vereinbarung
✆ (04 21) 64 40 181 (Gemeindebüro Mi 14–18 Uhr oder ✆ (04 21) 69 49 380 (Pastorin)
Schlichte Saalkirche mit schöner Deckenbemalung

Unterwegs kommen wir an einem alten Pumpwerk vorbei, an dem man sich über die Funktionsweise informieren kann. Wir unterqueren nochmals die Autobahn A27 und radeln mit Blick auf den Knoops Park auf der anderen Lesumseite immer auf dem Deich entlang.

Längst haben wir Werderland erreicht. Kurz bevor die Lesum in die Weser mündet, knickt unsere Route nach links ab. Von hier sind es noch einmal 4 km bis zur Moorlosen Kirche. Der Weg führt entlang der Weser.

**Moorlosen Kirche**
Besichtigung nach Vereinbarung bei der Gemeindeverwaltung Grambke
✆ (0421) 64 37 06 8
Sehr schlichte Kirche aus Backstein mit schönen bunten Fenstern und Glocke von 1642.

Unser Ziel – die **Moorlosen Kirche** – hört sich von ihrem Namen her etwas mysteriös an. Eine Kirche ohne Moor? Nach der Literatur kommt der plattdeutsche Name „Moderlosen Karken" – also mutterlose Kirche in aller Wahrscheinlichkeit daher, dass sie als frühere Filialkirche von Altenesch später unabhängig wurde von der ehemaligen „Mutterkirche". Ursprünglich im 12./13. Jahrhundert erbaut, ist die heutige Kirche von 1846/47 und in Bachsteinklinker errichtet.

Ihre Einsamkeit verdankt sie dem wirtschaft-

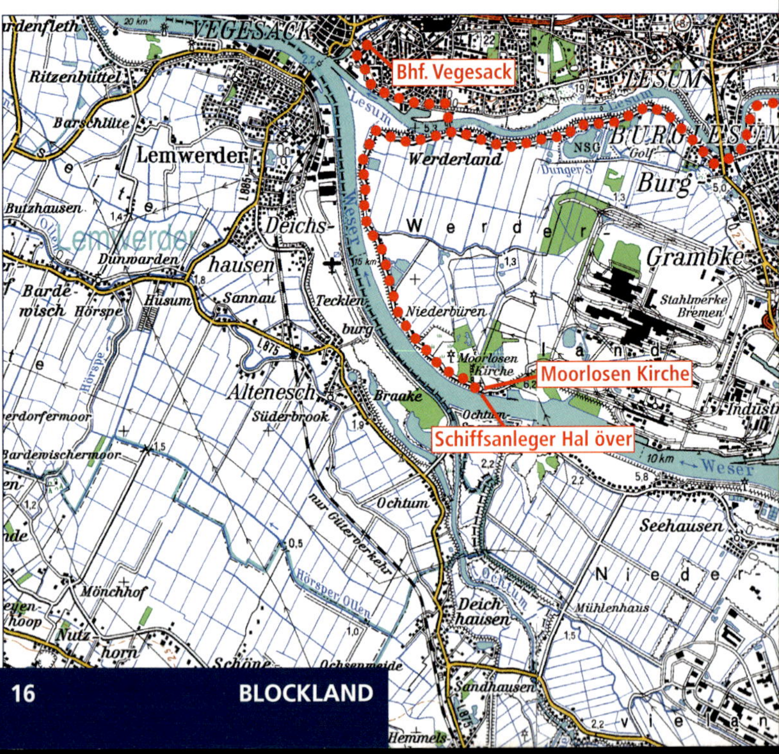

lichen Expansions- und Wachstumsboom der 50er Jahre. Dafür wurde 1956/57das Dorf Mittelsbüren bis auf wenige Häuser und die Kirche komplett aufgegeben, damit der Klöcknerkonzern auf diesem Gebiet ein Stahlwerk bauen konnte. Heute heißt das Hüttenwerk Arcelor Mittal Bremen GmbH und ragt unübersehbar einen guten Kilometer hinter der Moorlosen Kirche auf. Das benachbarte Kraftwerk Mittelsbüren (zwischen Weser und Stahlwerk gelegen) erzeugt mit Hilfe von Gasen aus der Stahlproduktion rund 800 Millionen Kilowattstunden Strom pro Jahr.

Von der Tour kann man sich hervorragend im Lokal „Zur Moorlosen Kirche" nebenan erholen. Beim Warten auf das Schiff genießen wir auf der Sommerterrasse die deftige Küche und blicken dabei auf die Weser.

Falls kein Schiff fährt, nehmen wir gern die sportliche Herausforderung an und radeln wieder 6 km zurück, um bei Vegesack die Lesum zu überqueren und vom dortigen Bahnhof die Heimreise anzutreten.

**Zur Moorlosen Kirche**
28719 Bremen
Mittelsbühreners
Landstraße 36
☎ (0421) 62 63 94 7
Tgl. außer Mo ab 12.00, So ab 9.30 Uhr
Beliebte Gaststätte am Schiffsanleger neben der Moorlosen Kirche, deftige und preiswerte deutsche Küche, Sommerterrasse.

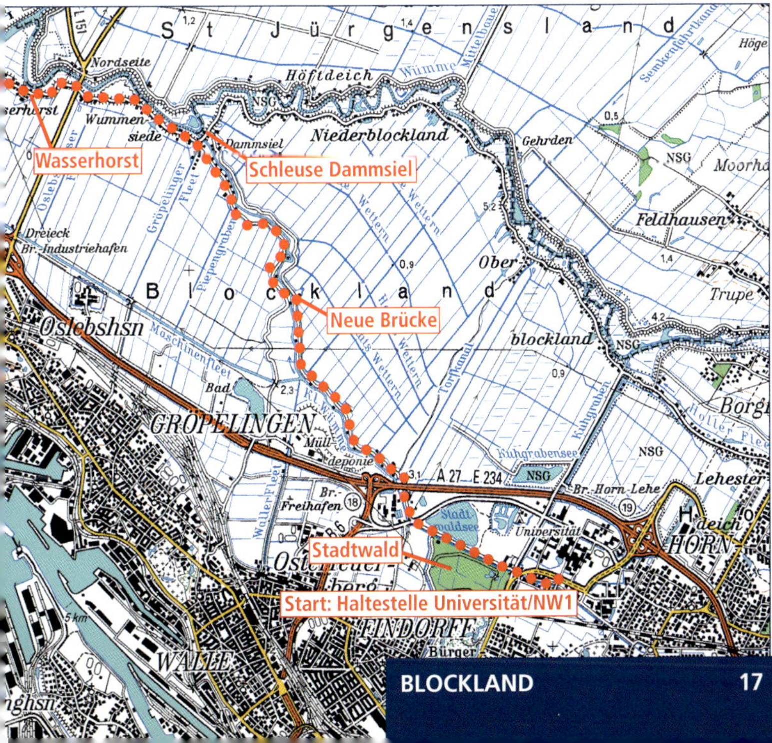

**Start**
Bhf Klinikum Bremen-Nord
R1 alle 30 Min. ab Bremen Hbf. (Fahrzeit 34 Min.)

**Ziel**
Meyenburg

**Länge**
35 km

**Dauer**
3 Stunden (reine Fahrtzeit, langsames Tempo)

**Rückfahrt**
R1 ab Bhf Farge via Vegesack bis Hbf Bremen, alle 30 Min. (Fahrzeit 45–52 Min.)

**Rückfahrt alternativ**
Schiff ab Hal över-Anleger/Farge bis Bremen/Martinianleger, Mi, Do, Sa, So/Fei von Mai/Juni–Sept., 1x tgl. ca. 17 Uhr (Fahrzeit ca. 1½ Stunden)

**Meyenburger Käsehof (Hofladen)**
Fuchsberg 11
28790 Schwanewede-Meyenburg
☾ (0 42 09) 49 57
Di und Fr 14–18 Uhr, Sa 9–12 Uhr
Schafmilchspezialitäten aus der Region



# Durch die Bremer Schweiz

**Diese Radtour bietet uns eine abwechslungsreiche Reise durch die Blumenthaler Aue. Wir fahren in der sandigen Hügellandschaft bis zum Meyenburger Mühlgraben und durch die Weite der Wesermarsch. In unserem Zielort Meyenburg verschnaufen wir und radeln über Neuenkirchen an die Weser zurück.**

Wir starten vom Bahnhof am Klinikum Bremen-Nord/Beckedorf. In nördlicher Richtung folgen wir der Radausschilderung des Grünen Ringes in Richtung Beckedorf/Blumenthal. Die Gaststätte „An der Waldschmiede“ und das Schmiedemuseum lassen wir links liegen und tauchen ein in die hügelige mit hohen Eichen bewachsene Landschaft.

Dieser Naturraum, der **Bremer Schweiz** genannt wird, verdankt seinen Namen den sanften Hügeln, die sich kontrastreich vom flachen Bremer Umland abheben. Bis 30 m hohe Erhebungen findet man in dieser eiszeitlich geformten Landschaft. Bei Bockhorn gibt es eine angewehte Binnendüne. Große Teile der Bremer Schweiz stehen unter Landschaftsschutz.

Auf unserer Tour halten wir uns weiter links und bleiben auf der ausgeschilderten Strecke in Richtung Schwanewede/Kreienmoor, die auf einen Fuß- und Radweg führt. Entlang dem Geestflüsschen Beckedorfer Beeke und dem Dierksgraben durchfahren wir die **Blumenthaler Aue**. Wir passieren eine Ortsrandstraße in Lüssum-Bockhorn, fahren entlang eines Golfplatzes und erreichen die Streusiedlung Kreienmoor. Hier verlassen wir den Grünen Ring, halten uns rechts und überqueren anschließend die K 1.

Auf ruhigen Straßen mit ausgewiesenen Radwegen fahren wir jetzt weiter in nördliche Richtung und erreichen bald **Eggestedt**. Parallel zu einem großen Baggersee, der versteckt hinter hohen Böschungen liegt, radeln wir zum Waldrand, von wo aus es jetzt richtig bergan auf den Rücken

des Hahnenberges geht. Nach dieser Anstrengung gelangen wir zur kleinen Gehöftansiedlung Hamfähr und fahren hier praktisch über den Hof. Nach einer scharfen Linkskurve des Hauptweges muss man darauf achten, zweimal kurz hintereinander rechts abzubiegen bis man einen Plattenweg erreicht. Von hier aus geht es nur noch geradeaus. Wir durchqueren östlich von Metjensande und Siethlandswehr ein größeres Feuchtgebiet, das weiße und schwarze Moor, und erreichen hinter den Erhebungen vom Klingenberg und Schafkoben den kleinen Ort Meyenburg, der vom sogenannten Knüppeldamm zum Mühlengrund sanft abfällt.

## Im romantischen Dorf Meyenburg

Entlang der Hauptstraßen Butendamm und

**Landhaus Meyenburg**
Meyenburger Damm 28
28790 Schwanewede-Meyenburg
( (0 42 09) 6 88 96
Di–Fr ab 14 Uhr, Sa, So ab 11 Uhr
Gaststätte in einem Niedersachsenhaus, internationale Speisekarte

Rapsfeld in der Wesermarsch

Meyenburger Damm sind hübsch renovierte, reetgedeckte Häuser zu betrachten, die ein geschlossenes Gefüge bilden (Bauernreihe).

Vorbei an der kleinen Luciaekirche entdecken wir nun die **Meyenburg**, die als Festung eng mit der Entstehung des Dorfes zusammenhängt. Die Burg stammt aus dem 15. Jh. und ist bis heute noch im Besitz der Nachfahren des Stiftsritters Lüder von Wersebe. Militärische Auseinandersetzungen in Folge der Stedinger Kriege führten zur Zerstörung der Burg, die aber wenig später wieder aufgebaut wurde. Leider ist sie nicht zu besichtigen, aber es lohnt ein Gang um das weitläufige Parkgrundstück mit den alten Bäumen.

Reichtum und Macht der Herren von Wersebe zeigen sich auch darin, dass die Gründung der schlichten **Luciaekirche** von 1415 wie auch die Errichtung der **Meyenburger Korn- und Wassermühle** auf die Ritterschaft zurückgehen. Bis heute ist das Mühlengelände mit dem Teich und dem Mühlencafé das Schmuckstück des Ortes. Hier können (Rad-)wanderer herrlich rasten.

**Café am Mühlenteich**
Mühlendamm
28790 Schwanewede-Meyenburg
☎ (0 42 09) 93 04 68
Apr.–Okt. Di–Sa 14–20 Uhr, So/Fei 11–20 Uhr
Okt.–März Di–Sa 14–18 Uhr, So/Fei 11–18 Uhr
Cafe mit Sommerterrasse, hausgemachter Kuchen

## Zurück nach Farge

Wir treten nun die Rückfahrt an, die abseits der Schwaneweder Straße in südlicher Richtung (Straße Achterfeld) nach Schedelkamp/Siedschelje führt und auf der ausgeschilderten Route des Grünen Rings verläuft. Zwar ist der Weg am Anfang nach wie vor hügelig, aber es geht zunehmend bergab, denn wir nähern uns der Wesermarsch. In Metjensande führt unsere Route von der asphaltierten Straße rechts ab und wir müssen aufpassen, dass wir die kleine Radler-Hinweistafel nicht übersehen, die uns auf den etwas abschüssigen Schotterweg nach Vorberg/Brink führt. Hinter dem Ort Vorberg erreichen wir wenig später den Rastplatz Hünenstein.

Von hier radeln wir nun weiter am Ortsrand von **Neuenkirchen** entlang und überqueren den Mühlenfleet an der Gösper Wassermühle. Die Landschaft ist nicht mehr wellig, wir haben die flache Wesermarsch erreicht.

Vorbei am Hallenbad erreichen wir die alte Neuenkirchener **Michaelkirche** (ev. reformierte Gemeinde), die als Gottes- und Zufluchtsort im ausgehenden 12. Jh. errichtet wurde. Ende des 18. Jhs. wurde sie bis auf die Grundmauern erneuert. Besonders beeindruckend ist der quadratische Feldsteinturm in einer Dicke von 1,75 m. Hinter der Kirche folgen wir weiter der Radausschilderung des Grünen Rings und radeln in Richtung Weserdeich, den wir auf der Strecke zweimal überqueren und schließlich oben in Richtung Rader Sand und Rekum weiter befahren. Von hier haben wir eine gute Aussicht auf die Weser und sehen schon von weitem den **U-Bootbunker Valentin**, an dem wir direkt vorbeifahren. Dieser monströse Bau entstand in der Zeit des Nationalsozialismus. Zwischen 1943-45 mussten Zwangsarbeiter hier U-Boote bauen. Viele Menschen verloren dabei ihr Leben.

Hinter dem Bunker geht es noch ein Stück am Deich entlang, den wir beim Farger Bahnhofsgelände wieder verlassen. Wer allerdings im Sommer mit dem Schiff zurück nach Bremen möchte, folgt der Radwegführung des Grünen Rings weiter in Richtung **Fähre Farge**.

**Freibad Neuenkirchen**
Schulstraße
28790 Schwanewede-Neuenkirchen
☎ (04 21) 6 87 27
Saison: Mai–Mitte Sept.
2,20 € , ermäßigt 1,10 €

**Reptilienwelten**
Haidstraße 2
28790 Schwanewede-Neuenkirchen
☎ (04 21) 68 35 98 Holger Schnirring
Führungen durch einen mediterranen Landschaftspark (nach Absprache), Besichtung und Kauf von Reptilien und Schlangen

**Bunker Valentin**
Bremen-Rekum
Informationen über: Geschichtslehrpfad Lagerstraße/U-Boot-Bunker Valentin e.V.
www. Geschichtslehrpfad.de
Führungen nach Anmeldung
☎ (04 21) 68 31 66

**Fährhaus Farge**
Wilhelmshavener Straße 1
28777 Bremen-Farge
☎ (04 21) 68 86 00
Tgl. 7–24 Uhr
Großes Hotel-Restaurant mit schönem Blick auf die Weser. Fischspezialitäten, französische Küche und selbstgebackener Kuchen

**Start**
Bhf. Osterholz-Scharmbeck
R2 alle 22–60 Min. von Bremen Hbf

**Ziel**
Worpswede

**Länge**
Radtour (einfache Strecke): 14 km

**Rückfahrt**
Moorexpress ab Worpswede, Mai–Okt., Sa/So, 4x tgl. (Fahrzeit 45–50 Min.)
Aktueller Fahrplan unter:
www.evb-elbe-weser.de

**Fahrt per Bus**
Bus 670 ca. alle 1-2 Std. ab /bis Bremen Hbf
(ca. 45 Min.)

WORPSWEDE

# Durch Moorlandschaft zum Weltdorf

**„Worpswede, Worpswede, Worpswede .... es ist ein Wunderland", schrieb die Malerin Paula Becker 1897 begeistert in ihr Tagebuch. Und der Dichter Rainer Maria Rilke schwärmte von einem „Himmel von unbeschreiblicher Veränderlichkeit und Größe". Diesem einzigartigen Ort im Teufelsmoor nähern wir uns mit dem Fahrrad. Zurück fahren wir (an Wochenenden in der Saison) mit dem Moorexpress.**

Wir starten vom Bahnhofsvorplatz in Osterholz-Scharmbeck, queren die Bahnhofstraße und folgen der Radausschilderung des Grünes Rings in Richtung Hambergen/Pennigbüttel. Im **Wäldchen Klosterholz** radeln wir fernab von lärmenden Hauptverkehrsstraßen auf dem ausgewiesenen Radweg bis zum Ende des Klosterholzes. Weiter geht es auf dem Grünen Ring, der hier von reetgedeckten Häusern und hübschen Gärten gesäumt ist.

Da unsere Route auf der erhöht gelegenen Geestkante verläuft, haben wir einen herrlichen Blick auf die Hammewiesen. In Penningbüttel verlassen wir vorerst den Grünen Ring und folgen geradeaus der Ausschilderung nach Worpswede/Neuenfelde, bis wir am Ende des mit Birken gesäumten Neuendamms an einen T-förmigen Abzweig gelangen. Hier entscheiden wir uns je nach Wetterlage entweder für den rechten, asphaltierten Weg oder für den linken Wiesenpad, der auf einem mit Gehölzen gesäumten Weg verläuft. Nimmt man den schöneren aber etwas hoppeligen Pfad, gelangt man am Ende in die offene Niederungslandschaft mit einem herrlichen Ausblick in die Umgebung.

Bald können wir in der Ferne auch schon den Rand des Weyerbergs entdecken, zu dessen Füßen Worpswede liegt. Sanft wölbt sich der bewaldete

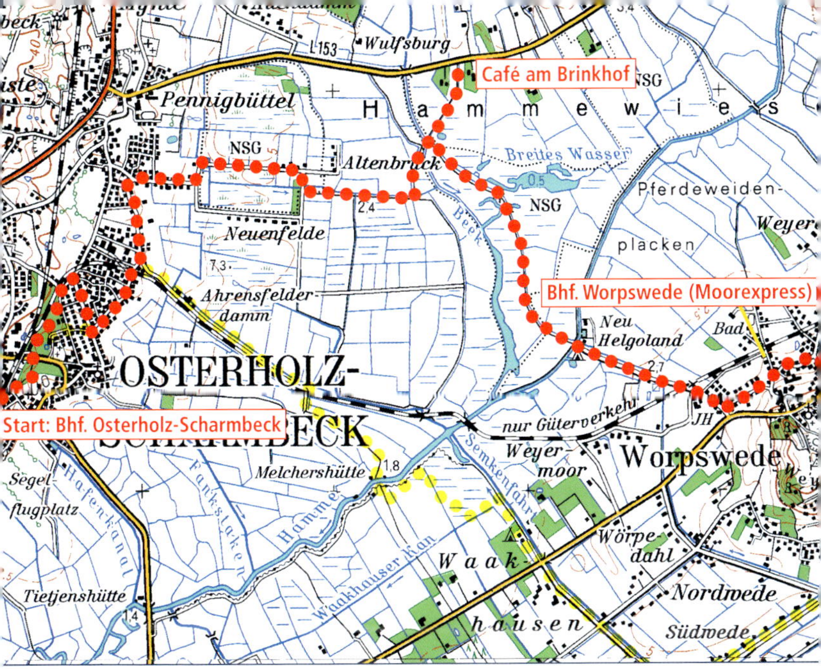


Karte von Worpswede:
▸ Seite 24

Hügel auf etwa 54 Meter. Die Häuser stehen, von Bäumen dicht umschlossen, in lockerem Halbkreis um den Berg. Nach einer Sage, soll der große Sandberg von dem Riesen Hücklüt geworfen worden sein...

Bevor wir nach Worpswede gelangen, überqueren wir noch hinter dem neuen Siel einen romantischen kleinen Steg, der über das Flüsschen Beek führt. Danach führt uns der Weg in südöstlicher Richtung weiter durch die Weite der Hammeniederung vorbei an eimem herrlich gelegenen See, dem **Breiten Wasser**. Das Breite Wasser ist ein großflächiges, natürliches Stillgewässer, das als einzigartiges Großgewässer im Bereich des Zusammenflusses von Hamme und Beek unter Naturschutz steht. Niedermoor und Feuchtwiesen bieten den zahlreichen Pflanzenarten Heimat und sind Lebensraum oder Rastplatz für viele Wiesen- und Wasservögel.

Bald erreichen wir die beliebte Ausflugsgaststätte **Neu Helgoland**, die direkt an der Hamme liegt. Nach 500 m erreichen wir die Bahnlinie und die restaurierte und voll funktionsfähige

**Café zum Brinkhof**
Teufelsmoor 4
27711 Osterholz-Scharmbeck
☎ (0 47 96) 95 10 95
Apr.–Okt. Di–So 13–18,
Nov.–März Mi–So 14–18 Uhr
Gemütliches Café in der Bauerndiele, im Sommer auf der Terrasse mit selbstgemachtem Apfel-Schmand-, „Moorteufel"- und Buchweizentorten (Riesenstücke)

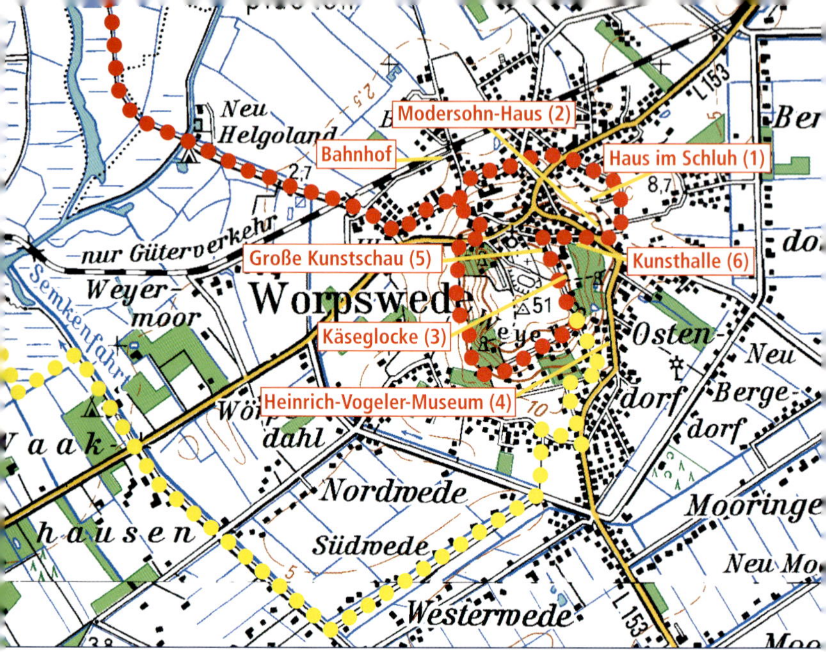


„Erdholländer"-Windmühle, das Wahrzeichen Worpswedes. Kurz darauf haben wir den Ortskern erreicht.

## In Worpswede

Seit sich ab 1889 Fritz Mackensen und seine Künstlerfreunde hier niederließen, sind ihnen bis heute viele Kunstschaffende gefolgt. Und noch immer verbinden sich in Worpswede Kunst, Kultur, Architektur und Landschaft zu einer besonderen Atmosphäre.

**Museen in Worpswede**
Interessant für Besucher mit etwas mehr Zeit ist die ermäßigte Sammelkarte für 11 €, mit der Erwachsene 4 Ausstellungen besuchen können

Um einen Eindruck von Worpswede zu bekommen, radeln oder wandern wir erst einmal auf den Weyerberg. Oben angekommen, stoßen wir auf den 18 m hohen **Niedersachsenstein**, der wie ein bedrohlicher Vogel aussieht. Diese Skulptur, vom Architekten Bernhard Hoetger geschaffen, ist ein Denkmal für die gefallenen Soldaten des I. Weltkriegs. Wieder unten im Ort, nähern wir uns den vielen Sehenswürdigkeiten und restaurierten Bauernhöfen.

Das **Haus am Schluh** (1) ist ein Ensemble aus zwei alten Fachwerkhäusern. Hier sind die Heinrich-Vogeler-Sammlung, eine Handweberei und eine Pension untergebracht. Die Frau des berühmten Künstlers, Martha Vogeler, lebte hier seit 1920. Mittlerweile betreut die 4. Generation der Familie das Anwesen.

Ein anderes Künstlerhaus ist das **Modersohn-Haus** (2) in der Hembergsttraße. Hier können sowohl das Wohnhaus und Atelier des Künstlerpaares Otto Modersohn und Paula Modersohn-Becker als auch ein Museumsanbau besichtigt werden. Während man in dem alten historischen Gebäude dem Leben und Arbeiten der berühmten Künstler nachspüren kann, erlebt man im neuen Museumstrakt Werke aus der Worpsweder Nachfolgegeneration.

Wer sich für die Umsetzung des Expressionismus in der Architektur interessiert, sollte sich das Baudenkmal **Käseglocke** (3) ansehen. Die Käseglocke zählt zur expressionistischen Architektur der 20er Jahre. Dieser von Bruno Taut entworfene Gebäudetyp ist bis auf das Bauwerk in Worpswede niemals verwirklicht worden. Bauherr war 1926 der Schriftsteller Edwin Koenemann (1883-1960), der die Käseglocke als eigenes Wohnhaus mit Atelier errichtete. Zusammen mit der gemauerten Hofanlage wurde das Haus sorgfältig restauriert und kann besichtigt werden. Die Räume sind ausgestattet mit Gegenständen und Möbeln Worpsweder Künstler.

**Haus im Schluh (1)**
Im Schluh 35-37
27726 Worpswede
☏ (0 47 92) 5 22
und 95 00 61 (Café)
Mo–Fr 14–18 Uhr, Sa und So 11–18 Uhr
Nov. –15. März Mo geschlossen
3 €, ermäßigt 1,50 €
Offene Führung
Mi 11 Uhr und Sa 15 Uhr
Idyllische Hofanlage mit Garten der Heinrich-Vogeler-Stiftung, mit umfangreicher Sammlung

**Modersohn-Haus (2)**
Hembergstraße 19
27726 Worpswede
☏ (0 47 92) 47 77
Tgl. von 10–18 Uhr
3 €, Ermäßigung bei Nachfrage
Wohnhaus vom Künstlerehepaar Paula Modersohn-Becker und Otto Modersohn sowie Museumsanbau mit Werken der nachfolgenden Künstlergeneration

Der Jugendstilbahnhof von Worpswede

**Käseglocke (3)**
Baudenkmal und Museum für Kunsthandwerk
Waldgrundstück an der Lindenallee
27726 Worpswede
☎ (0 47 92) 12 77 und 95 05 05
Tgl. 12–17 Uhr und nach Absprache
2 €, ermäßigt 1 €
Expressionistisches Wohn- und Atelierhaus nach Entwürfen von Bruno Taut

**Heinrich-Vogeler-Museum (4)**
Barkenhoff-Stiftung
Ostendorfer Straße 10
27726 Worpswede
☎ (0 47 92) 39 68
Tgl. 10–18 Uhr
24., 25., 31. Dez. geschlossen, 26. Dez. und 1. Jan. von 12–18 Uhr
4 €, ermäßigt 2 €
Kinder bis 7 Jahre frei, Familienkarte 7 €
Wohn- und Ausstellungshaus mit schönem Garten

**Große Kunstschau (5)**
Lindenallee 3
27726 Worpswede
☎ (0 47 92) 13 02 oder (0 47 91) 93 02 05
Tgl. 10¬–18 Uhr
3 €, ermäßigt 2 €

**Worpsweder Kunsthalle (6)**
Bergstraße 17
27726 Worpswede
☎ (0 47 92) 12 77
von 10–18 Uhr
3 €, ermäßigt 2 €
Älteste Kunstinstitution von Worpswede mit Sammlungen Worpsweder Kunst aller Generationen

Nicht weit davon entfernt, in der Ostendorfer Straße lebte und arbeitete Heinrich Vogeler. In dem Jugendstilensemble zeigt das **Heinrich-Vogeler-Museum** (4) Werke des Künstlers und eine Ausstellung zur Worpsweder Kunstgeschichte.

An der Lindenallee im Zentrum Worpswedes befindet sich die von Bernhard Hoetger entworfene **Große Kunstschau** (5), eines der bedeutendsten Kunstzentren des Ortes. 1971 durch den Anbau des Roselius-Museums ergänzt, bildet es mit Hoetgers Café Worpswede („Café Verrückt") und seinem Skulpturenpark ein kunsthistorisch bedeutendes Ensemble. Die Große Kunstschau beherbergt unter anderem Arbeiten der ersten Malergeneration wie Fritz Mackensen, Otto Modersohn, Heinrich Vogeler und Paula Modersohn-Becker. Im ehemaligen Logierhaus ist die Artothek mit einer Sammlung zeitgenössischer Kunst untergebracht. Im „Forum für zeitgenössische Kunst" werden Sonderausstellungen gezeigt.

Als private Galerie 1919 gegründet, ist allerdings die **Worpsweder Kunsthalle** (6) die älteste Kunstinstitution im Dorf. Neben der eigenen, umfangreichen und sehr sehenswerten Sammlung Worpsweder Kunst aller Generationen wird auch internationale Kunst gezeigt.

Kein Museum, aber ein besonderes Schmuckstück und Mittelpunkt des Ortes ist das **Alte Rathaus** von Worpswede. Das ursprünglich 200 Jahre alte reetgedeckte „Nicolaus-Bötjer-Haus" wurde originalgetreu restauriert.

Sehenswert ist auch die **Zionskirche mit Friedhof**. Die schlichte Hallenkirche von 1759, die von Jürgen Christian Findorff erbaut wurde, steht sehr erhaben im Zentrum von Worpswede. Beachtenswert ist vor allem der Rokokoaltar. Ein Torfkahnmodell rechts vom Altar erinnert an die Moorbauern. An der Kirchendecke befinden sich Engelsputten von Clara Westhoff und Blumenmalereien Paula Modersohn-Beckers. Diese Verzierungen sollen eine Strafarbeit der beiden Künstlerinnen dafür sein, dass sie eines Tages aus Jux auf den Kirchturm stiegen und die Glocken läuteten. Lohnenswert ist auch ein Rundgang über den Friedhof. Hier fanden über 80 Künstler, Dichter und

Mit dem Moorexpress geht´s zurück nach Bremen.

Musiker wie die Maler Paula Modersohn-Becker und Fritz Mackensen ihre letzte Ruhestätte.

Gegenüber der Kirche befindet sich das Findorffdenkmal. Das Denkmal erinnert an den Erbauer der Zionskirche, der auch als Moorkommissar und „Wohltäter der Menschheit" bekannt wurde und die Nutzbarmachung des Moores ab 1751 vorangetrieben hat. Auch die Entstehung Worpswedes ist eng mit der Moorkolonisation verknüpft.

Am Ende unserer Tour steuern wir Worpswedes hübschen **Bahnhof** an. Er wurde von Heinrich Vogeler entworfen und 1910 gebaut. Die Warteräume der früheren drei Zugklassen sind unterschiedlich gestaltet und wurden originalgetreu restauriert.

Unsere Wartezeit können wir im Café des Jugendstil-Bahnhofs verbringen, bevor wir an Sommerwochenenden mit dem historischen Moorexpress und unserem Rad im Gepäck nach Bremen zurückfahren können. Die Fahrt ist dabei auch ein Erlebnis: in langsamer Fahrt zieht noch einmal die Landschaft der Hammeniederung an uns vorbei.

**Kaffee Worpswede**
(direkt neben der Großen Kunstschau)
Lindenallee 1
27726 Worpswede
✆ (0 47 92) 10 28
Mi–So 11.30–21.30 Uhr
Wie die Große Kunstschau in den 20er Jahren gebaut – eine expressionistische Augenweide. Kaffee und Kuchen wie auch Mittag- und Abendessen in gehobener Qualität und Preisklasse.

**Worpsweder Bahnhof**
Bahnhofstraße 17
27726 Worpswede
✆ (0 4 792) 10 12
tgl. von 12–24 Uhr
Ab Okt. So ab 18 Uhr geschlossen
Kaffee und Kuchen im Jugendstil-Ambiente

**Start**
Bahnhof Oldenbüttel
R2 alle 60 Min. ab
Bremen Hbf (Fahrzeit
22 Min.)

**Ziel**
Gasthaus Schamaika

**Länge**
28 km (Hin- und Rückfahrt)

**Dauer**
3 Stunden (reine Fahrzeit, langsames Tempo)
Abstecher ins Teufelsmoor ca. 4 km, nach etwa 1 km Wanderung zu Fuß

**Rückfahrt**
Bahnhof Osterholz-Scharmbeck
R2 alle 28–60 Min.
(Fahrzeit 13–18 Min.)



# Schamaika liegt an der Hamme

**Sch(J)amaika klingt nach Urlaub und Exotik – ein bisschen davon spüren wir, wenn wir durch die stille, dünn besiedelte Landschaft des Teufelsmoors fahren – und an unserem Ziel in ein sehr besonderes Lokal einkehren. Gleich um die Ecke lädt uns das Flüsschen Hamme zum Paddeln oder zu Torfkahntouren ein.**

Vom verträumten Bahnhof Oldenbüttel starten wir in östlicher Richtung (Worpswede) entlang am Wäldchen Oldenbütteler Holz. Die Radroutenführung des Grünen Rings leitet uns nun ein kleines Stückchen die B74 entlang und führt uns dann linkerhand weiter von der Geestkante in die flache Moorlandschaft zur liebevoll restaurierten **Museumsanlage Moorkate** in Hambergen-Ströhe. Hier bekommen wir eine Ahnung davon, wie beschwerlich das Leben im Moor war. In das Museum hinein kommt man allerdings nur nach vorheriger Anmeldung, da der betreibende Heimatverein ehrenamtlich arbeitet.

## „Des Ersten Tod, des Zweiten Not, des Dritten Brot"

Dieser Spruch sagt viel über das entbehrungsvolle Leben der Moorbauern, die durch die „Ödlandkultivierung" dem Moor den Torf und landwirtwirtschaftliche Erträge abgerungen haben. Erst in der 3. Generation konnte eine Familie ausreichend mit Lebensmitteln versorgt werden. Noch bis zum Mittelalter war das Teufelsmoor noch nahezu unberührt. Nur an den Moorrändern, den Geestkanten gab es Kultivierungsversuche. Der Boden im Hochmoor eignete sich nicht für die landwirtschaftliche Nutzung, er war zu nass und zu nährstoffarm. So soll auch der Name „Teufelsmoor" auf das niederdeutsche und falsch ins Hochdeutsche gebrachte „Dovelsmoor" = taubes,

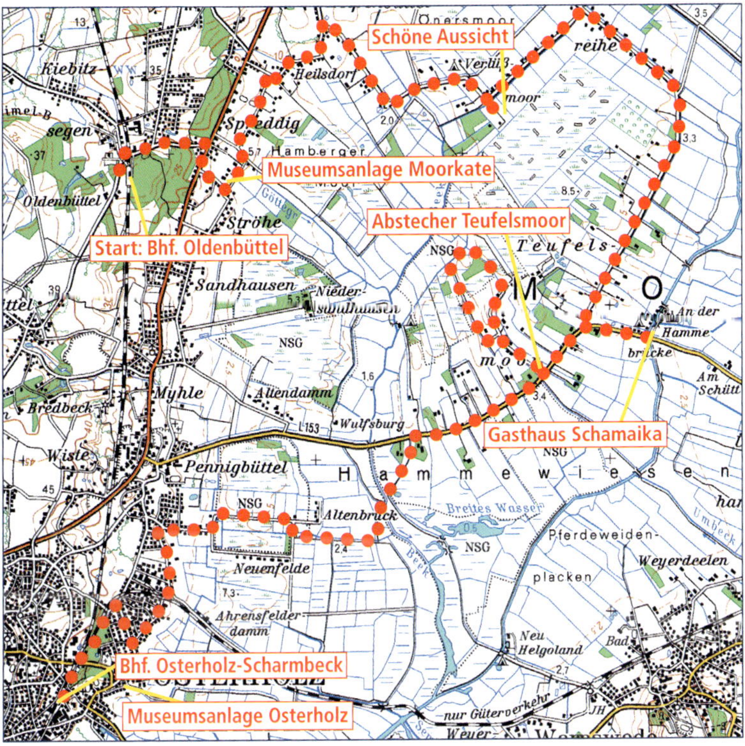


unfruchtbares Moor, zurückgehen.

Trotz der schlechten landwirtschaftlichen Bedingungen wurden nach holländischem Vorbild bereits im 13. Jh. frühe Moorkultivierungen durch die Klöster Lilienthal und Osterholz durchgeführt. Mit der systematischen Moorkolonisation ab 1770 durch den vom König eingesetzten Moorkommissar **Jürgen Christian Findorff** wurde massiv in die Natur eingegriffen und durch Ausbau von Kanälen, Flussbegradigungen, Entwässerung, Düngung und Torfabbau die Grundlagen für eine intensive Landwirtschaft geschaffen. Bis zum Jahr 1850 wurden insgesamt 69 Moordörfer gegründet.

Unsere Tour führt weiter nach Norden in Richtung Hambergen/Vollersode. Unterwegs kommen wir durch typische **Moorsiedlungen**, deren Höfe an der Straße entlang aufgereiht sind. Die langen,

**Museumsanlage Moorkate**
Sandstraße 32A
27729 Hambergen-Ströhe
Heimatverein Ströhe-Spreddig, Werner Prigge
☎ (0 47 93) 12 01
Nach historischem Vorbild rekonstruierte Moorkate; Besichtungen und Führungen nach telefonischer Absprache

Im Hamberger Moor

schmalen Grundstücke (Hufen) werden seitlich durch Gräben entwässert. In Heißenbüttel fahren wir scharf rechts. Nach weiteren 5 km lohnt sich ein kleiner Abstecher ins Moor. Am Ende des Wiesenweges, der an einem Graben endet, hat man einen großartigen Blick auf die Landschaft.

Mitten im Teufelsmoor liegt ein Ausflugslokal, das ein bisschen anders ist als andere Ausflugslokale: das „**Schamaika**". Der Name ähnelt nicht zufällig einer Insel in der Karibik. Statt eines Urlaubs nach Jamaica landete eine Gruppe betreuter behinderter Menschen bei einem Ausflug ins Teufelsmoor bei diesem Gasthof, den sie später kauften und Schamaika nannten. Neben dem Lokal gibt es Hühner und Gemüsegärten, eine Konditorei, eine Apfelmosterei und eine Schreinerei. Es werden Fahrräder und Kanus verliehen und Torfkahnfahrten und Moorwanderungen angeboten. Hier arbeiten Menschen mit und ohne Handicap, das macht die besondere Atmosphäre dieses Hauses aus. So kann es auch mal etwas dauern, bis das Essen kommt. Die Qualität der großteils regionalen Produkte ist hervorragend. Die Speisekarte enthält einfache Kost, vor allem der Kuchen ist sehr lecker.

**Gasthaus Schamaika**
Teufelsmoorstraße 33
2711 Osterholz-Scharmbeck
☎ (0 47 96) 95 18 77
Apr.–Okt. tgl. 10–22 Uhr
Dez.–März Mo–Fr 8–16, Sa–So 10–20 Uhr
Cafe-Restaurant mit Sommerterrasse an der Hamme; hausgemachter Kuchen, norddeutsche Küche, selbstgepresste Säfte, sehr preiswert

## Zurück über Osterholz-Scharmbeck

Nach einem ausführlichen Aufenthalt auf dieser „Ferieninsel" treten wir schweren Herzens unseren Rückweg an. Auf dem Weg lohnt es noch, bei der **Ortschaft Teufelsmoor** rechts in die Straße „Zur kleinen Reihe" abzubiegen. Dort gibt es ein großteils wiedervernässtes Moor - das **Günnemoor** – zu sehen. Mit einem kleinen Abstecher ins Moor kann man mit etwas Glück typische Arten wie Sonnentau, Wollgras, Röhrichte oder seltene Zugvögel wie Kraniche beobachten, die sich seit einiger Zeit hier wieder eingefunden haben. Doch am Rand der Fläche ist ein Torfwerk, das nach wie vor industriell den Torf abbaut, sodass die Gefahr besteht, dass auch die benachbarten Flächen beeinträchtigt werden... Zurück auf der L 153 radeln wir erst ein Stück und biegen dann etwa 150 m hinter dem Hinweis „Café zum Brinkhof" links ab. Diese Strecke führt uns in die schönen Hammewiesen und zum Breiten Wasser (▸ Seite 22).

Nach unserer ausführlichen Landtour in Osterholz-Scharmbeck angekommen, wenden wir uns noch etwas der Kultur zu. In der Nähe des Bahnhofs befinden sich zwei interessante Besichtigungsziele – die schöne **St. Marien-Klosterkirche** und die **Museumsanlage Osterholz-Scharmbeck**. Diese können wir erreichen, indem wir von unserer Route durch das Klosterholz-Wäldchen am markierten Fuß- und Radfahrerübergang in die Osterholzer Straße rechts abbiegen und uns am Ende der Straße nach links in die Bördestraße und Findorffstraße wenden.

Die **Museumsanlage** der Kulturstiftung Landkreis Osterholz befindet sich auf einem parkähnlichen Gelände, dort wo im 12. Jh. der Wirtschaftshof des ehemaligen Benediktinerklosters stand. Sie vereint in sechs historischen Gebäuden und einem modernen Anbau vier Einrichtungen: das Heimatmuseum, ein Mitmachmuseum, das Norddeutsche Vogelmuseum und das Museum für Schifffahrt und Torfabbau. Besonders das **Vogelmuseum** ist einen Besuch wert. Es beherbergt die größte Sammlung Norddeutschlands und zeigt die gesamte Vogelwelt Mitteleuropas.

**Torfkahnfahrt**
ab Schamaika
Ziele : Neu Helgoland/ Worpswede, Ritterhude, Osterholz-Scharmbeck
Für Gruppen bis max. 20 Personen
Absprache individuell möglich
✆ (0 47 96) 95 18 77
1.Stunde 75,00 €, 2. Stunde 22,50 €

**Museumsanlage Osterholz-Scharmbeck**
Heimatmuseum – Mitmachmuseum – Norddeutsches Vogelmuseum – Museum für Schifffahrt und Torfabbau
Bördestraße 42
27711 Osterholz-Scharmbeck
✆ (0 47 91) 13 10 5
Sa/So 10–17 Uhr
Gruppen nach telefonischer Vereinbarung
2,50 €, 1,50 € ermäßigt

**Windmühle von Rönn**
Lindenstraße 40
27711 Osterholz-Scharmbeck
✆ (0 47 91) 50 21 03 9
Di–So 10–18 Uhr
Café mit Sommergarten

**Kanuverleih**
ab Schamaika
Kanadier für 3 Erwachsene oder 2 Erwachsene und 2 Kinder
✆ (0 47 96) 95 18 77
1. Stunde 6,50 €,
2 Stunden 8,50 €
12,50/20,00 € halb-/ganztags

**Start**
Bus 630 Haltestelle Heeslingen Mitte, ab Bremen Hbf/ZOB Mo–Fr alle 1–2 Stunden, Sa 6 x tgl., So 4 x tgl. (Fahrzeit ca. 1 Std.)

**Länge**
8 km

**Dauer**
2 Stunden (ohne Besichtigungen und Pausen)

**Rückfahrt**
Bus 630 Zeven Busbahnhof, nach Bremen Hbf/ ZOB Mo–Fr alle 60 Min., Sa 6x tgl., So 4 x tgl. (Fahrzeit ca. 1 Std.)

HEESLINGEN – ZEVEN

# Auf Spurensuche in der Zevener Geest

**Von der ehemaligen Heeslinger Stiftskirche aus erwandern wir uns lebendige Klostergeschichten. Dabei genießen wir den herrlichen Ausblick auf die schöne Auenlandschaft. Durch hügeligen Wald und liebliche Parklandschaft erreichen wir die Klosteranlage Zevens. In der Innenstadt lernen wir neben allerlei Kultur auch die Zevener Himmelstorte kennen.**

Zeven und Heeslingen liegen in der waldreichen Zevener Geest im schönen Urstromtal der Oste – Wassersportler lieben den Flusslauf für naturnahe Paddeltouren. Für viele Bremer Wanderer liegen die beiden Ortschaften allerdings etwas „weit ab vom Schuss", da sie keinen Bahnanschluss haben. Doch auch mit dem VBN-Bus kann man in die Region fahren – allerdings muss man gut die An- und Abfahrtszeiten planen.

## Spannende Klostergeschichten

Von unserem Start an der Bushaltestelle in Heeslingen erblicken wir gleich den markanten Kirchturm der **Heeslinger St. Viti-Kirche**. Sie ist als einzige noch von dem 961 gegründeten **Kloster Heeslingen**, einem ehemaligen Kanonissenstift, übrig geblieben. Dessen Bewohnerinnen lebten ähnlich wie Nonnen, genossen aber mehr weltliche Freiheiten (wie Besitzstand, eigene Räume).

Historische Quellen belegen, dass aufgrund von wachsendem Reichtum und Disziplinlosigkeit („irreligiositas") der Propst Liutmund 1141 veranlasste, das Stift in das 5 km entfernte, abgeschiedenere „Kivinan à", das heutige Zeven, zu verlegen. Er wollte „Zucht und Ordnung" wiederherstellen. Auch der Markt wurde dorthin verlegt und so versank Heeslingen in der Bedeutungslosigkeit, während das zuvor „in der Wald-Einsamkeit" gelegene neue Kloster Mittelpunkt einer

**Heeslinger St. Viti-Kirche**
Schlüssel zur Besichtigung:
Pfarramt Heeslingen
Kirchstr. 16
27404 Heeslingen
☎ (0 42 81) 25 18

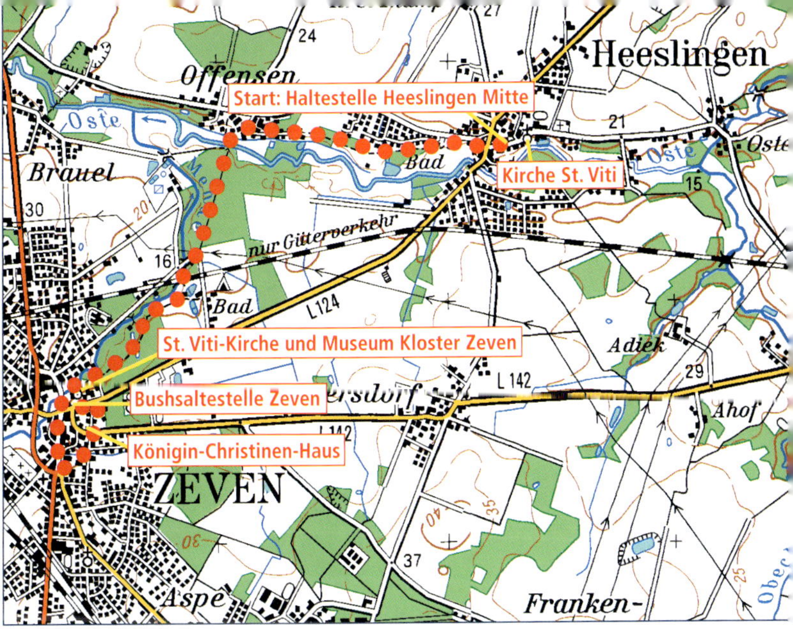


rasch aufstrebenden Gemeinde wurde... Tja, wären doch die Klosterfrauen etwas frommer gewesen...

Die frühromanische Feldsteinkirche von Heeslingen lohnt einen Besuch an diesem schönen Ort direkt an der Oste. Leider ist sie nur zu Gottesdienstzeiten oder nach Vereinbarung mit dem Pfarramt geöffnet.

## Herrliche Flusslandschaft

Von Heeslingen aus wandern wir in Richtung Westen, queren die Bremer Straße und biegen parallel zum Offenser Weg in Höhe des Börden-Heimathauses und Freibads in einen Pfad ein, der uns direkt an die **Oste** führt. Nun laufen wir fern ab der Straße an diesem natürlich mäandrierenden Flusslauf entlang. An einem Hügelgräberfeld aus der Bronzezeit vorbei gelangen wir auf den Ortsrandweg von Offensen, „Heidjers Ruh", der uns geradeaus entlang reetgedeckter Bauernhöfe vorbei zur Ostebrücke führt. Von dieser **Heidjers-Brücke** haben wir einen herrlichen Blick in die Osteniederung, die mittlerweile als Schutzgebiet für Flora, Fauna, Habitat in der EU registriert ist. Westlich von Offensen mündet das Flüsschen **Mehde-Aue** in die Oste. Nach Bremervörde hin

**Börden-Heimathaus**
Bremer Straße 2
27404 Heeslingen
☎ (0 42 81) 77 95 (Willi Dettmering)
Jeden 1. So in den geraden Monaten 14–17 Uhr
In diesem niedersächsischen Bauernhaus werden Exponate bäuerlicher Kultur und ländlichen Handwerks gezeigt

**Museum Kloster Zeven und Kirche St. Viti**
Klostergang 3
27404 Zeven
☎ (0 42 81) 99 98 00
Do und So 14.30–17.30 Uhr sowie nach Vereinbarung
Eintritt frei
Den Schlüssel für die Kirche bekommt man zu den Öffnungszeiten im Museum oder im Kirchenbüro, Bäckerstr. 3, 27404 Zeven

wird die Oste – der längste Fluss zwischen Weser und Elbe – immer breiter und auch schiffbar. Die ökologische Bedeutung der Oste ist groß: Mit einer Gewässergüte von 2 ist die Oste verhältnismäßig sauber. Der Fluss ist sehr fischreich und gilt als der erste deutsche Fluss mit einer sich selbst verjüngenden Lachspopulation.

Hinter der Brücke folgen wir dem sich hinauf in einen Wald windenden Weg, der uns bis zum Freibad von Zeven führt. Wir queren die alten Eisenbahngleise und wandern immer entlang der sich schlängelnden Mehde-Aue bis zum ehemaligen Klostergelände von Zeven. Vorbei am neuangelegten „Hainbuchen-Kreuzgang“ treten wir in den früheren Klosterhof ein. Liebevoll restauriert warten hier das **Museum Kloster Zeven** und die **St. Viti-Kirche** auf ihre Besucher.

## Kloster Zeven und St. Viti-Kirche

Diese beiden Gebäude der einst mächtigen und reichen Klosteranlage aus dem 12. Jh. sind leider die einzigen erhaltenen Häuser. Man kann aber heute noch das Gelände als ein Ensemble erkennen. Besonders schön ist der Zugang zum Kloster über einen Lindengang mit einer alten „Luthereiche“ vom Markt her. Der ehemalige Klostergarten ist heute Stadtpark und man soll mit etwas Glück noch die „Osterluzei“ (Aristolochiaceae) finden, die früher von den Klosterfrauen als Heilpflanze angebaut wurde. Die Heeslinger Kanonissen, die etwa im Jahre 1150 hierher übersiedelten, lebten und arbeiteten als Nonnen unter den strengen Klosterregeln des heiligen Benedikt. Das Kloster verfügte über umfangreiche Besitzungen im Umland und entwickelte sich zu einem der reichsten Klöster des Erzbistums Bremen. Nach dem Dreißigjährigen Krieg wurde Zeven der schwedischen Krone zugesprochen. Das Kloster wurde säkularisiert (verweltlicht) und von der schwedischen Königin Christine als Lehen an ihren Generalleutnant Graf Douglas vergeben. Später wurde das Kloster für die Amtsverwaltung genutzt.

Das heutige **Museum Kloster Zeven** ist im Seitenflügel des alten Klosters untergebracht und seit

1988 geöffnet. In einem Rundgang können wir den historischen Keller mit seinem Kreuzgratgewölbe, die Reste der Wandbemalung aus der Klosterzeit und Teile des Heeslinger Münzschatzes besichtigen. Besonders spannend sind auch die Sammlungen der jüngeren Regionalgeschichte wie zur ehemaligen Porzellanmanufaktur, dem „Zevener Art déco" und zum Heimatforscher, Schriftsteller, Fotograf und Sammler Hans Müller-Brauel, der im 19. Jh. viele Kontakte zu weltberühmten Künstlern wie zu Wilhelm Busch und Wilhelm Raabe pflegte.

Kirchturm von St. Viti in Zeven

Die **Zevener Kirche St. Viti** wurde als Teil der Klosteranlage wie die gleichnamige Kirche in Heeslingen dem Heiligen Vitus geweiht. Sie ist eine schlichte romanische Feldsteinkirche, die später restauriert und auch modernisiert wurde. Der 40 m hohe und runde Turm mit barocker Turmspitze hat sogar einige Bekanntheit erlangt. **Carl Friedrich Gauß**, der bedeutende Mathematiker, Physiker und Astronmom entdeckte 1824, dass vom Zevener St. Viti-Kirchturm sowohl die Spitze der Bremer St. Ansgari-Kirche als auch der 40 km entfernte Wilseder Berg noch erkennbar waren. Aus diesem Grunde legte er hier einen grundlegenden „Trigometrischen Vermessungspunkt", auf den sich bis heute das europäische Vermessungssystem bezieht (Gauß-Krüger-Koordinaten). Zu sehen sind heute noch die Gauß-Bohle in der Kirchturmspitze, ein eiserner Bolzen neben der Kirchentür mit Angabe der Höhe über dem Meeresspiegel (18,959 m ü. NN) sowie eine kleine Gedenktafel.

Das Königin-Christinen-Haus in Zeven stammt aus dem 17. Jahrhundert

## Schön übersichtlich: Zevener Innenstadt

Nach unserem Rundgang durch Klostermuseum und Kirche wenden wir uns der Innenstadt zu. In der Fußgängerzone, der „Langenstraße" bis zum Vitusplatz sind interessante Skulpturen ausgestellt und viele Geschäfte locken uns zum Bummeln. Hier finden wir auch jede Menge Cafés und Gaststätten. Eine regionale Spezialität ist die **Zevener Himmelstorte**. Das Rezept soll auch aus dem früheren Nonnenkloster kommen. Bis zum II. Weltkrieg hatte die Bäckerei Müller das Patent und bis heute wird das Originalrezept vom heutigen **Café Müller** nicht verraten. Ein ähnliches haben wir zum Nachbacken hier nebenan notiert – ein leckerer und süßer Genuss! Besonders für Familien mit Kindern ist ein Besuch „Bei Augusto", dem **Café mit Spielzeugmuseum** empfohlen, in das man ohne Eintritt einkehren kann.

Am Ende unseres Ausfluges besuchen wir noch das im Zentrum gelegene **Königin-Christinen-Haus**, ein weiteres Kultur-Highlight von Zeven. Es ist der älteste Profanbau der Stadt und stammt aus der Mitte des 17. Jahrhunderts. Das heute

**Café Müller**
Lange Str. 14
27404 Zeven
☎ (0 42 81) 22 88
Hier gibt es die Original-Himmelstorte

**Königin-Christinen-Haus**
(mit Garten)
Lindenstraße 11
27404 Zeven
☎ (0 42 81) 71 61 59
Do 14–17, So 15–17 Uhr
Eintritt frei

als Ausstellungs- und Galeriehaus genutzte Gebäude wurde historisch wahrscheinlich als Verwaltungssitz des Klosteramtmannes und später als Gästehaus genutzt, nachdem das Kloster im Jahre 1648 in den Besitz Schwedens übergegangen war. Die schwedische Königin Christine soll auf ihren zahlreichen Reisen wenigstens einmal hier genächtigt haben... Heute kann man hier – wenn man sich an einem der beiden Öffnungstage in Zeven befindet - wechselnde Ausstellungen und Originalmöbel aus dem 17./18. Jahrhundert. betrachten. Es gibt auch ein Zimmer, das dem zeitgenössischen kürzlich verstorbenen Walter Kempowsky gewidmet ist, der in der Nähe Zevens als Dorfschullehrer gearbeitet und auch dort bis zuletzt gelebt hat. Hinter dem Christinenhaus befindet sich ein kleiner, nach barockem Vorbild angelegter Garten mit modernen Plastiken, der ebenfalls sehr sehenswert ist.

Wer jetzt noch Zeit und Muße hat, dem empfehlen wir einen Besuch im frisch sanierten **„Aquafit Zeven"**, das man von der Innenstadt stadtauswärts über die Bremer Straße und Goethestraße schnell erreichen kann.

**Bei Augusto**
Café mit Spielzeugmuseum
Kivinanstr. 57–61
27404 Zeven
☎ (0 42 81) 95 85 44
Mi–So 14–18 Uhr

**Aquafit Zeven**
Goethestraße 3
27404 Zeven
☎ (0 42 81) 27 87
www.aquafit-zeven.de
3,20 €, ermäßigt 1,70 €
(Schwimmbad)
Familien- und Erlebnisbad mit Sauna und Wellness

## Zevener Himmelstorte

Rührteig aus Margarine, 375g Zucker, 1 ganzem Ei und 2 Eigelb, Mehl und Backpulver herstellen. Die Teigmasse ergibt 4 Böden, die man jeweils mit geschlagenem Eischnee bestreicht, mit Mandeln und Zucker-, Zimt-, Zitronengemisch bestreut.

Die Böden werden einzeln bei 200 °C ca. 20 Min. goldgelb gebacken. Unbedingt Backpapier nehmen! Einen Boden sofort nach dem Backen in 16 Teile schneiden.

Man füllt die Torte mit ¼ l Sahne pro Schicht. Der geschlagenen Sahne fügt man Zitrone und Zucker nach Geschmack zu. Auch kleingeschnittene Erdbeeren kann man der Sahne zugeben.
(Quelle: www.chefkoch.de)

**Zutaten**

| | |
|---|---|
| 250g | Margarine |
| 375g | Zucker, + 2 EL |
| 3 | Ei(er) |
| 125g | gehackte Mandeln |
| 375g | Mehl |
| ½ | Päckchen Backpulver |
| 1l | Sahne |

Zimt, abgeriebene Zitrone(n)-Schale

**Start**
Bahnhof Vegesack
R1 alle 30 Min.
(Fahrzeit 23 Min.)

**Ziel**
Unterweser

**Länge**
ca. 14 km

**Dauer**
1 Stunde (reine Fahrzeit, langsames Tempo)

**Rückfahrt**
Bahnhof Berne
R8, ca. alle 30–120 Min.
(Fahrzeit ca. 30 Min.)

**Karte**
▸ Seite 41, Gelbe Route

### VEGESACK – BERNE

# Traumhafte Unterweser

**Die Unterweser gehört zu den schönsten Regionen im Bremer Umland – diese Tour ist eine absolute Lieblingsstrecke: gut ausgeschildert werden Radler auf ruhigen Straßen durch schöne Orte und entlang uralter Kirchen geführt.**

Vor der Fährfahrt auf die linke Weserseite sollte man nicht versäumen, entlang der Vegesacker Weserpromenade zu schlendern. Hier hat man einen wunderbaren Blick auf vorbeifahrende Schiffe (mehr zu Vegesack ▸ Seite 42)

Mit der Fähre sind wir in 10 Minuten auf der anderen Weserseite und starten unsere Radtour in **Lemwerder**. Hier ist der Schiffsbau noch allgegenwärtig. Die großen Hallen, die man vom Hafen aus sieht, gehören mit zu Deutschlands größten Werften

In Lemwerder angekommen, biegen wir auf die ausgeschilderte Sielroute und „Landschaft am Wasser“ des Grünen Ringes ein, um vor dem Deich entlang der Weser westwärts zu radeln. An der hübschen Kapelle am Deich vorbei gelangen wir bald über die kleinen Orte Bardenfleth, Motzen (Fähre) und Ganspe nach **Warfleth**. Direkt am Warflether Arm, einem Seitenarm der Weser, steht die kleine maritime Schifferkirche **St. Marien** aus dem 15. Jh. Seit der Sturmflut von 1962 wird sie durch eine Spundwand vor weiteren Weserfluten geschützt. Außen schlicht und innen liebevoll geschmückt, lädt diese meist geöffnete Backsteinkirche zu einer Besichtigung ein. Besonders sehenswert ist die reich verzierte Kanzel und ein Schiffsmodell der Dreimastbark „August“.

Von der Kirche aus führt eine Treppe auf den Deich. Dort hat man eine beeindruckende Sicht auf die weiten Vordeichwiesen und den Warflether Altarm. Gegenüber liegt der **Warflether Sand**, eine Halbinsel, die von Süden her zugänglich ist und unter Landschaftsschutz steht. Sie lockt mit abwechslungsreicher Natur aus Auwald und

Abendstimmung an der Weser

Sandmagerrasen, auf denen seltene Tier- und Pflanzenarten vorkommen. Ein Pflanzen-Lehrpfad informiert über die Landschaft und die Bewohner der Halbinsel.

Im Nordwesten des Warflether Sandes auf dem Weg zum Fähranleger Berne – Farge weist uns der Leuchtturm auf das Naturschutzgebiet **Juliusplate** hin. Dieser tidebeeinflusste Bereich an der unteren Weser hat ein weites Landschaftsbild mit Grünland, Röhrrichten und vegetationsfreien Flusswattflächen. Im Frühling ist es hier besonders schön: Dann stehen die Wiesen voller blühender Schachbrettblumen. Pflücken dürfen wir diese Blumen aber nicht, da sie unter Schutz stehen.

Hier gibt es auch einen Campingplatz, der weiße Sand an der Weser lockt zum Sonnenbaden und es gibt auch einen kleinen, idyllischen See, in dem man bei schönem Wetter baden kann.

Von der Juliusplate halten wir uns jetzt nach Süd-Westen in Richtung Berne und radeln auf der ausgeschilderten Siel- und Grüner Ring-Route (Marsch, Moor, Geest) an der B74 weiter. Nach knapp zwei Kilometern erreichen wir schon Berne (▸ Seite 40).

**Hotel-Restaurant Weserblick**
Juliusplate 6-7
27804 Berne
☎ (0 44 06) 92 82 0
Di–So 11–22 Uhr
Schöne Terrasse und Wintergarten mit Blick auf die Weser

Radtour

**Start**
Bahnhof Berne
R8 alle 30–120 Min. ab
Bremen Hbf
(Fahrzeit ca. 30 Min.)

**Ziel**
Berne, Altenesch

**Länge**
ca. 14 km
(über Altenesch 20 km)

**Dauer**
1 Stunde (reine Fahrzeit, langsames Tempo),
über Altenesch 1½ Std

**Rückfahrt**
Bahnhof Vegesack
R1 alle 30 Min. nach
Bremen Hbf (23 Min.)

**Rückfahrt alternativ**
mit dem Schiff vom Hal över-Anleger, in der Saison 1 x tgl., ca. 18 Uhr

**Karte**
Rote Route

OLLENTOUR

# Gar nicht oll'

**Diese Tour führt durch das geschichtsträchtige Stedinger Land. Von Berne aus fahren wir entlang des Flüsschens Ollen nach Lemwerder. Wer Lust hat, macht noch einen Abstecher nach Altenesch, dem Ort einer historischen Schlacht.**

**Berne** wird wegen seiner vielen Brücken auch gerne als das „Venedig der Wesermarsch“ bezeichnet. Historisch kreuzte hier der Handelsweg Oldenburg – Bremen die Route von Nord nach Süd. Berne war als Zollstation ein bedeutender Marktflecken und vor allem: Die Stedinger Bauern waren bis zu ihrer blutigen Unterwerfung lange Zeit frei und selbstverwaltet.

Anfang des 13. Jhs. gab es wegen der unklaren Herrschaftsverhältnisse fortwährende Unstimmigkeiten zwischen den Stedingern und dem Bremer Erzbischof Gebhard. Seine Verbündeten, die Oldenburger Grafen, ließen Burgen im Stedinger Land bauen, von denen aus Übergriffe gegen die Stedinger Bauern erfolgten. Daraufhin riefen diese zur Rebellion auf. Nach einem kurzen Waffenstillstand wurden die Stedinger vom Bischof exkommuniziert und ab 1231 als Ketzer verfolgt. Ein Jahr später wurde zum Kreuzzug gegen sie aufgerufen. Dieser nahm im Jahr 1234 während der Schlacht bei Altenesch sein blutiges Ende. 6000 Stedinger fielen, die anderen verloren ihre Freiheit.

Hunderte von Gefallenen in Massengräbern sollen hier bei den Kirchen in Berne, Süderbrook/Altenesch und Warfleth beigesetzt worden sein. In der **St. Aegidiuskirche** befindet sich ein Wandgemälde zum Auszug der Stedinger Bauern, die für ihren

**St. Aegidiuskirche**
Langestraße
27804 Berne
Besichtigung und „Berner Abendmusik“
Pfarramt Berne
☎ (0 44 06) 2 38

Mut und Stolz immer sehr bewundert wurden. In dieser gotischen Hallenkirche aus dem 16. Jh. können wir auch die alte, wertvolle Orgel von Meister Reinhard Lampeler aus Brabant und den wunderschönen Altar und die Kanzel aus der Holzwerkstatt Ludwig Münstermanns besichtigen.

Von Berne aus radeln wir weiter auf der gut ausgeschilderten Sielroute und des Grünen Rings an der Ollen entlang bis **Bardewisch**. An der Ollenbrücke können wir uns entscheiden, ob wir nach links abbiegen, um die Hauptstrecke entlang des Grünen Rings (Landschaft am Wasser) bis nach Ritzenbüttel/Lemwerder zu radeln oder die Rundtour um ca. 11 km zu verlängern, um weiter entlang der Ollen zum hübschen und geschichtsträchtigen Ort **Altenesch** zu fahren.

Von Ritzenbüttel aus biegen wir rechts in die Ritzenbütteler Str. ab und bleiben jetzt weiter auf dieser Parallelstrecke unterhalb des Deichs, die uns bis nach **Lemwerder** bringt. Mit der nächsten Fähre setzen wir nach Vegesack über.

**Paddelbootverleih an der Ollen**
Anleger: Holzbrücke über die Ollen in Berne, Brückenstraße
Apr.– Sept.
☎ (0 44 06) 62 12
(Gudrun Lücken)
20 € pro Boot, max. 6 Std.

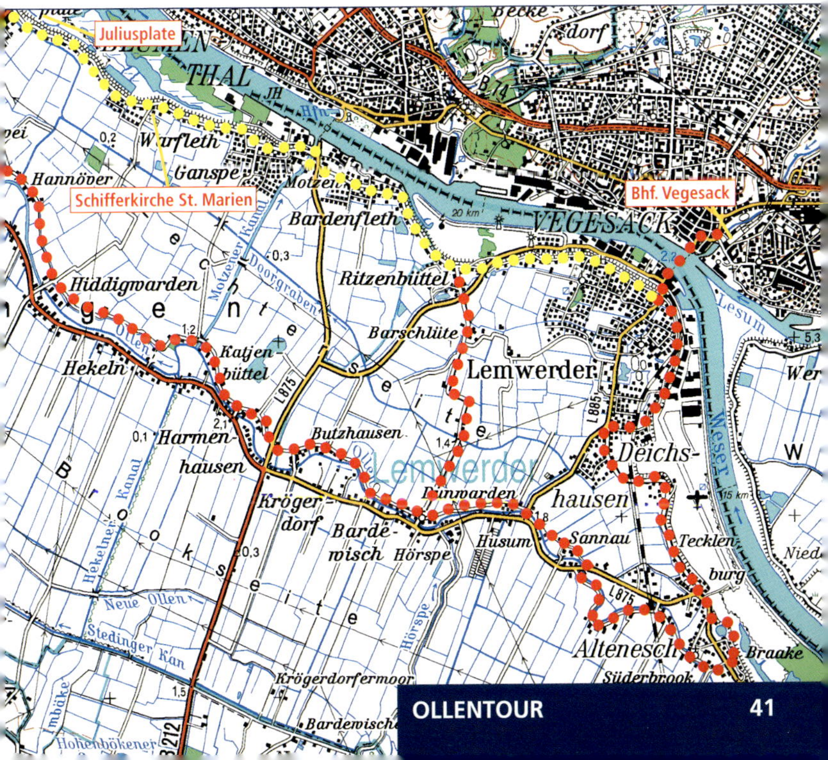

**Start**
Bahnhof Vegesack
R1 alle 30 Min. ab Bremen Hbf (Fahrzeit 33 Min.)

**Start alternativ**
Bahnhof Farge
R1 alle 30 Min. ab Bremen Hbf (via Vegesack)

**Ziel**
Harriersand

**Länge**
29 km
(ab Farge: 21 km)

**Dauer**
3 Stunden (reine Fahrzeit, langsames Tempo)

**Rückfahrt**
Brake Bhf
R8, ca. alle 2 Stunden (Fahrzeit 53 Min.)

HARRIERSAND

# Strandtag auf der Insel

**Bremen liegt (fast) am Meer – wenn wir im Sommer ans Wasser wollen, ist die längste Flussinsel Europas ein attraktives Badeziel. Harriersand bietet weiße Sandstrände, sauberes Weserwasser und vorbeifahrende Schiffe. Und mit der Fähre erreicht man auch schnell das Festland mit der Stadt Brake.**

Sporlicherweise starten wir unsere Badetour in Bremen-Nord: Vom Vegesacker Bahnhof geht es vorbei am gläsernen Kaufhaus „Haven Höft", über die Fußgänger-Klappbrücke an der Weser entlang in Richtung Blumenthal. Wenn wir in die Lesummündung zurückblicken, können wir den Großsegler **Schulschiff Deutschland** sehen.

Vom Alten Hafen gelangen wir an die maritime **Weserpromenade**. Der nördlich angrenzende **Vegesacker Stadtgarten**, ein Park mit vielen exotischen Gehölzen und einem begehbaren Rosenhang, ist beachtenswert. Die Geestkante drängt sich hier mit einer beeindruckenden Mächtigkeit an das Flussbett – ca. 23 m thronen die prächtigen Villen über dem Wasser – eine „Belle Etage" für betuchte Vegesacker mit herrlicher Aussicht!

Am Ende der Promenade kommen wir „Zur gläsernen Werft", einem Café und Restaurant mit wunderbarem Blick auf die Weser, das zusammen mit dem „Schaufenster Bootsbau" als neues Projekt nach der Pleite des „Bremer Vulkan" entstand. Hier werden Schiffe nach historischen Vorbildern gebaut bzw. restauriert.

Vom Platz mit dem ausgestellten Motorschlepper „Regina" geht's jetzt die gepflasterte Rampe hoch in Richtung Lindenstraße, denn der Weg endet hier und wir kommen erst hinter dem Gewerbegebiet wieder zurück an die Weser. Wir biegen halblinks in die Fröbelstraße ein und müssen nun den Berg hochstrampeln - spätestens hier merken wir, dass wir uns in der hügeligen „Bremer Schweiz" befinden!

An der Lindenstraße führt uns der Grüne Ring

**Fähre „Guntsiet"**
Fährverbindung
Brake – Harriersand
Ende März–Mitte Okt., im 1–2 Std.-Takt bis zu 10 x tgl., Fahrtdauer 15 Minuten
1,50 € mit Rad, Kinder 4–15 Jahre mit Rad 0,80 €
☎ (0 44 01) 92 01 47 und www.lit.de

links in Richtung Schwanewede/Blumenthal und wir radeln jetzt einige Kilometer entlang der Straße, die uns durch „Wätjens Park“– einem weitläufigen historischen Landschaftspark mit hochgewachsenen Bäumen – bis zum Blumenthaler Rathaus führt.

Hier folgen wir dem Grünen Ring nach links über die große Kreuzung an der Landgraf Christian Straße und radeln parallel an den riesigen Gründerzeit-Industriebauten der Bremer Wollkämmerei entlang wieder in Richtung Weser.

Wir kommen am Fähranleger Motzen/Blumenthal vorbei und radeln entlang maritimer Gewerbebetriebe immer weiter geradeaus. Nach etwa 2 km mündet die Straße in einen Fuß- und

Am weiten Strand der Weser...

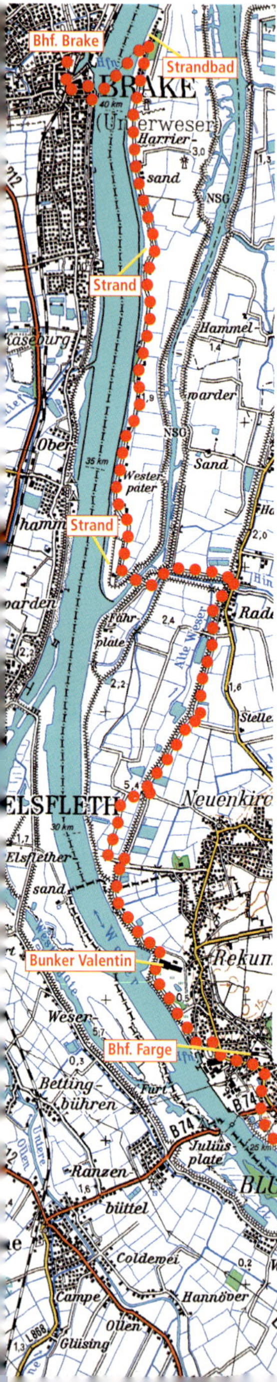


Radweg, der jetzt abseits vom Verkehr im Grünen verläuft. Am Ende der Route stoßen wir auf die „Alte Straße“, die uns entlang dicker, alter Eichen an reetgedeckten Häusern und am idyllisch gelegenen Gasthaus „Deichkieker“ vorbei führt. Am Ende erreichen wir das Klärwerk Farge und müsssen die B 74 queren, um weiter auf ruhigen Wegen bis zur Farger Straße zu radeln.

Nun geht's links ab und mit dem Grünen Ring am Farger Bahnhof vorbei. Hier stoßen auch die weniger sportlichen Radler zu uns, die gleich bis Farge gefahren sind. Weiter geht es in Richtung Bunker. Wir erreichen einen leicht erhöhten Deichweg, der uns fern ab lauter Straßen an kleinen reetgedeckten Häusern, Vereinsclubs und Schafweiden vorbeiführt. Bald sehen wir den gespenstischen **Bunker Valentin**. Dieser ist noch als stummer Zeitzeuge aus der Zeit des Nationalsozialismus vorhanden. Viele Menschen verloren hier während des Baus 1943-45 unter Zwangsarbeit ihr Leben (▸ Seite 21).

Wenig später erreichen wir den Nedderwarder Weg, von dem aus wir eine Weile vor dem Deich mit schönem Ausblick auf die Weser fahren können.

## Auf Harriersand

Hinter Rade erreichen wir schließlich die einzige Brücke, die nach Harriersand führt. Unsere Weserinsel ist allerdings sehr lang mit ihren 11 km – und damit die längste Flussinsel in Europa. Wir folgen der einzigen Straße des Eilands entlang des Sommerdeichs noch ein ganzes Stück. Sie führt uns an schönen alten Höfen vorbei, die zumeist auf erhöhten Warften stehen. Die Insel ist landwirtschaftlich genutzt und auf den Weiden sieht man Pferde und Kühe grasen. Die mächtigen Pappeln entlang der Straße, die vom Westwind geschoren wurden, geben der Landschaft einen besonders bizarren Reiz.

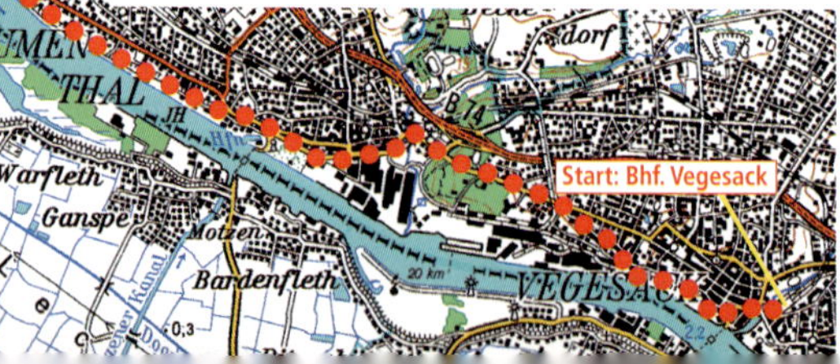

**Schöne Badestellen** mit Gehölzen und feinem weißen Sand gibt es sowohl am südlichen Zipfel, in der Mitte und an der Strandhalle, wobei letztere die unruhigste und belebteste Ecke ist. Hier blickt man vom Strand direkt nach Brake hinüber und hat weniger „Meergefühl" als an den Stränden mit weniger Komfort, die von einem kleinen Pfad über den Deich erreicht werden können.

Der Strand an der Strandhalle ist auch deshalb sehr beliebt und belebt, weil man hier ganz bequem und gemütlich im Café direkt am Strand ohne Stress auf die Fähre nach Brake warten kann, die hier abfährt.

Trotz guter Wasserqualität sollte in der Weser nur an den erlaubten Stellen gebadet werden. Vorsicht ist auch deshalb geboten, weil die Weser als Schifffahrtsstraße genutzt wird und es dadurch zu starkem Sog und Wellenschlag kommen kann.

## Zurück über Brake

Nach unserem Inselbesuch setzen wir mit der „Guntsiet" nach Brake über. Hier lässt es sich gut noch eine Weile entlang des Piers und durch die Fußgängerzone – die Breite Straße – bummeln. Wer es eilig hat, kommt von hier aus in wenigen Minuten – unter der Unterführung hindurch – direkt zum Bahnhof. Noch schöner ist im Sommer die Rückfahrt per Schiff.

Empfehlenswert ist ein Besuch im **Schifffahrtsmuseum**, das an zwei Standorten untergebracht ist oder ein Spaziergang entlang der „maritimen Wege", die Besuchern auf Hinweistafeln wichtige interessante Sehenswürdigkeiten in der Stadt aufzeigen.

**Strandhalle Harriersand**
Inselstraße 18
28790 Schwanewede
☎ (0 42 96) 4 19
In der Saison tgl. 11–20 Uhr
Restaurant/Café direkt am Strandbad von Harriersand, 2 Außenterrassen

**Schiffahrtsmuseum**
Breite Strasse. 9
26919 Brake
☎ (0 44 01) 67 91 und 43 83
Apr.–Okt. Di–So 10–17 Uhr
Nov.–März Di–Sa 11–17 Uhr, So/Fei 10–17 Uhr
2,50 €, erm. 1,30 €, Kinder bis 4 J.ahren frei, Familienkarte 5 €

**Café Weserlust**
Kaje 1
26919 Brake
☎ (0 44 01) 7 11 19
Mo, Mi–So 10–23 Uhr

**Start und Rückfahrt**
Hbf Bremerhaven
R2 alle 22–60 Min.
(35–53 Min. Fahrzeit ab Bremen Hbf)

**Länge**
ca. 9 km, mit Fischereihafen 15 km

**Dauer**
2–3½ Stunden (ohne Besichtigungen)

**Stadtbuslinien**
Mit Bus 505 und 506 vom Hauptbahnhof in Richtung Innenstadt oder vom Fischereihafen zum Bahnhof können Strecken gut abgekürzt werden.

BREMERHAVEN

# Frische Brise mit Kultur

**Auf unserem maritimen Stadtspaziergang erleben wir Bremerhaven von seiner schönsten Seite: Vom Alten Hafen mit den legendären Museumsschiffen zum Neuen Hafen mit spektakulärer Architektur. Auf dem Rückweg erholen wir uns in der Strandhalle und genießen frischen Fisch im Fischereihafen.**

Vom Bahnhof aus starten wir rechterhand in Richtung Innenstadt und laufen entlang der mit Bäumen bepflanzten Friedrich-Ebert-Straße, die mit einem Linksbogen zur breiten Elbstraße führt. Schon hinter der Kurve können wir den Mast des neuen Hotels „Sail-City" erblicken, ein riesiger Gebäudekomplex, der die Form eines großen Segels hat. Geradeaus gelangen wir von der Ludwigstraße zur alten **Geeste-Drehbrücke**, einem technischen Meisterwerk aus der Gründerzeit. Von hier kann man bis zum **Alten Vorhafen** mit dem Fähranleger schauen.

Während wir vorbeischippernde Schiffe und Boote beobachten, haben wir auch im Rückblick eine gute Aussicht auf das „Historische Museum Bremerhaven", auch **Morgenstern-Museum** genannt. Hier am Ufer der Geeste werden in einem hochmodernen, über 100 Meter langen Museumsgebäude Vor- und Frühgeschichte, Besiedlungsformen der Region und soziale Alltagswelt und -kultur der Hafenstadt dargestellt.

**Historisches Museum (Morgensternmuseum)**
An der Geeste
27570 Bremerhaven
Di–So 10–18 Uhr
✆ (04 71) 30 81 60
Di–So 10–18 Uhr
4 €, Kinder 20 €
Spannendes regionales Geschichtsmuseum

Hinter der Brücke gelangen wir über die Fährstraße zum barock gestalteten **Theodor-Heuß-Platz**, den wir diagonal überqueren. In der Mitte des Platzes steht ein imposantes Bronzedenkmal von Bremerhavens Stadtgründer und 1. Bürgermeister, Johann Smidt. An dieser Stelle sollen die ersten Häuser gebaut und der frühere Markt abgehalten worden sein. Heute beginnt hier die Fußgängerzone, die **Bürgermeister-Smidt-Straße**. Im Blick haben wir auch die „Große Kirche", die wie die Straße dankbar nach dem Stadtgründer Smidt benannt wurde.

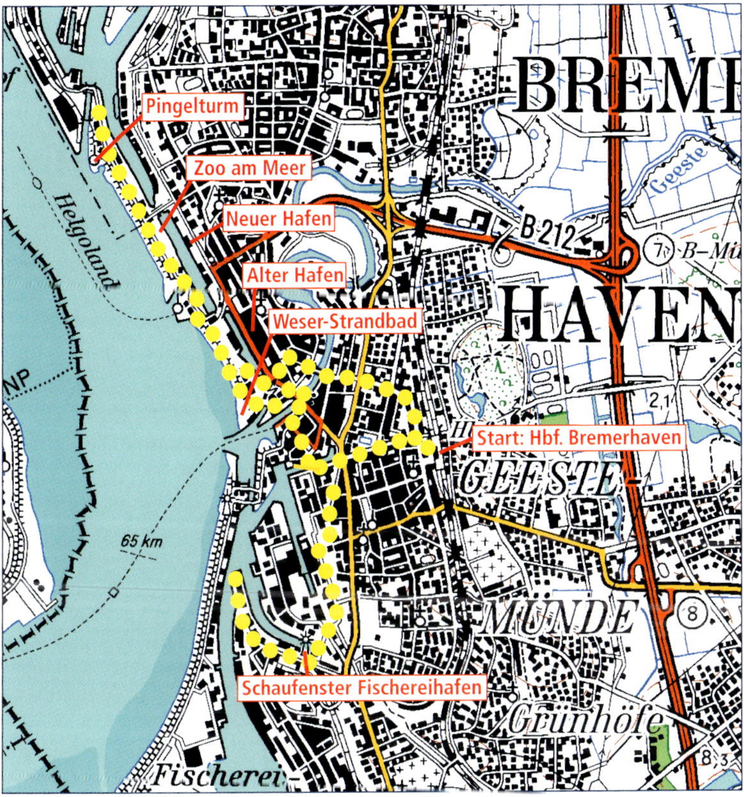


Wir biegen nun in die Linzer Straße ab in Richtung **Columbus-Center**, das in der jüngeren Geschichte als eigentliches Wahrzeichen Bremerhavens gilt. Dieses mehrteilige Hochhaus-Ensemble der 70er Jahre prägte lange Zeit das Image der Stadt und galt damals als das moderne Geschäfts- und Bürocenter schlechthin.

Ein Fußweg führt durch das Columbus-Center hindurch und wir landen nun direkt am **Alten Hafen** und an den Liegeplätzen der Museumsschiffe des Schifffahrtsmuseums. Diese Schiffe und auch das Museum sind immer wieder einen Besuch wert und besonders für Familien mit Kindern sehr zu empfehlen. Beeindruckend ist die Besichtigung des U-Bootes Wilhelm Bauer aus dem II. Welt-

**Bark „Seute Deern"**
Restaurant im Museumshafen
☎ (04 71) 41 62 64
Tgl. 12–21.45 Uhr
Deftiges und Süßes in verschiedenen Kajüten und Salons

Blick auf Weser, Alten Hafen und Neuen Hafen

**Deutsches Schifffahrtsmuseum**
Hans-Scharoun-Platz 1
(Alter Hafen)
27568 Bremerhaven
☎ (04 71) 48 20 70
März–Okt. tgl. 10–18 Uhr
6 €, Kinder 4 €
U-Boot 3 €, Kinder 2 €

**Zoo am Meer**
H.-H.-Meier-Straße 7
27568 Bremerhaven
☎ (04 71) 30 84 14 1
www.zoo-am-meerbremerhaven. de
Apr.–Sept. 9–19 Uhr, März und Okt. 9–18 Uhr, Nov.–Feb. 9–16.30 Uhr
6,50 €, Kinder 3,50 €
Jeden Mo Zootag (außer an Feiertagen):
5 €, Kinder 2,50 €
Beliebter Tierpark mit Schwerpunkt Meertiere

**Deutsches Auswandererhaus Bremerhaven**
Columbusstr. 65
(Neuer Hafen)
☎ (04 71) 9 02 20-0
Apr.–Okt. So–Frei 10–18, Sa 10–19 Uhr,
Nov.–März tgl. 10–17 Uhr.
Eine Perle der Architektur und eine sehr gut aufbereitete Ausstellung!

krieg, bei dem man die Enge und Bedrängnis der Besatzung förmlich spüren kann. Der prächtige Museumssegler „Seute Deern“ dagegen ist ein urgemütliches Gastronomieschiff, das leckere Gerichte wie Pfannekuchen anbietet.

Wir schlendern weiter in Richtung **Neuer Hafen** und gelangen zur Strandhalle und zu dem sehr beliebten **Zoo am Meer.** Dieser wurde vor ein paar Jahren komplett modernisiert und bietet den Tieren nun mehr artgerechten Freiraum. Für die Besucher gibt es neue faszinierende Unterwassereinsichten von schwimmenden und jagenden Eisbären, Pinguinen und Seehunden zu bestaunen.

Vom Zoo aus haben wir einen guten Blick auf die neuen **Havenwelten** mit ihren futuristisch anmutenden gläsernen Gebäuden, die in den Himmel wachsen. Hier wurde nicht gekleckert, sondern geklotzt: Das segelförmige Atlantic Hotel Sail City, das Shopping Center Mediteraneo, die Umrisse des noch im Bau befindlichen Klimahauses und das junge **Auswanderermuseum** ziehen uns mit moderner Architektur in ihren Bann.

Am wunderschönen alten **Simon-Loschen-Leuchtturm** kommen wir entlang der Hafenpromenade an einigen neuen Wohngebäuden vorbei und steigen an der Schleusenstraße die Treppe hoch auf den Deich, um einen besseren Überblick über den Neuen Hafen zu bekommen. Mit Blick auf den **Pingelturm** (ein kleiner Leuchtturm mit Nebelglocke) besuchen wir jetzt noch das Auswandererdenkmal an der Kaiserschleuse, bevor wir umkehren und an der Seeseite der Weser mit

Blick auf die Seebäderkaje zurücklaufen. In der wunderschönen **Strandhalle** machen wir einen kulinarischen Zwischenstopp, bevor wir uns bei schönem Wetter einem Sonnenbad im Strandkorb des **Weserstrandbades** am Ende unserer Tour hingeben.

Am Radarturm des Wasserschifffahrtsamtes vorbei geht's zurück über die breite Kennedybrücke, die wir auf einer Treppe nach rechts wieder verlassen. „An der Geeste" biegen wir links in die Bülowstraße ein, bis wir nach links in die Kaistraße und weiter zur Bismarckstraße gelangen, die direkt zum Bahnhof führt.

Wer gerne noch zünftig Fisch speisen möchte, dem sei der **Fischereihafen** wärmstens ans Herz gelegt. Dafür nehmen wir jetzt am besten den Bus 504/505 (oder gehen die 6 km zu Fuß). Das „Schaufenster Fischereihafen" lädt entlang von 12 Fischläden und Restaurants zum Flanieren und Einkaufen ein. Aber auch das Museumsschiff „Gera" und das Meerwasseraquarium „Atlanticum" locken mit Kultur und Kulinarischem.

**Strandhalle Bremerhaven**
H.-H.-Meier-Straße
27568 Bremerhaven
( (04 71) 4 60 61-62
Tgl. 11–23 Uhr
März Di geschlossen
Kaffee und Kuchen,
Mittag-/Abendessen in
Jugendstilambiente mit
Aussicht auf die Weser

**Atlanticum**
Meerwasseraquarium
Am Schaufenster 6
(Fischereihafen)
( (04 71) 93 23 30
Tgl. 10–18 Uhr
4,10 €, Kinder 2,60 €
Fische der Nordsee und
des Nordatlantiks

Attraktives Ausflugsziel:
Zoo am Meer

**Start**
Bhf Bremerhaven-Lehe
R2 alle 22–60 Min. ab Bremen Hbf
(40–58 Min. Fahrzeit)

**Ziel**
Imsum, Weser bei Weddewarden

**Länge**
26,5 km

**Dauer**
Radtour 3 Stunden
(mittleres Tempo)

**Rückfahrt**
Hbf Bremerhaven
R2, alle 22–60 Min.
(35–53 Min. Fahrzeit)

BREMERHAVEN – IMSUM

# Wo die Weser endlos wird

**Auf unserer Fahrt durch den Norden von Bremerhaven kommen wir zuerst durch den Stadtteil Lehe mit seinen Kleingärten, Ponyweiden und dem Park Speckenbüttel. Vom Imsumer Ochsenturm haben wir eine gute Aussicht auf Marsch, Weser und die großen Containerhäfen. In Weddewarden lassen wir uns kulinarische Köstlichkeiten auf der Dachterrasse von Schloss Morgenstern schmecken. Schließlich beobachten wir an Bremerhavens berühmter Columbuskaje Kreuzfahrtschiffe und beenden unsere Tour am Alten Hafen.**

Vom Bahnhof Bremerhaven-Lehe starten wir geradeaus von der Eisenbahnstraße in Richtung Innenstadt. Wir kreuzen die Stresemannstraße und die Langestraße, halten uns rechts und biegen – am Amtsgericht vorbei – links in die Bernhard-Krausestraße und weiter in die Nord- und Brookstraße ein. Am Ende der Brookstraße gelangen wir geradeaus in die Straße „Am Twischkamp", der wir weiter folgen, bis wir ein Kleingartengebiet erreichen. Hier treffen wir auf die **Westroute Bremerhaven**, der wir ab jetzt bis nach Imsum folgen.

Entlang der Aue radeln wir ohne Autoverkehr am Stadtrand von Lehe entlang, kommen an liebevoll gestalteten Kleingärten und Ponyweiden vorbei und durchfahren ein Wäldchen. Die Westroute leitet uns auf ruhigen Wegen weiter zur Fuß- und Radfahrerbrücke über die belebte Cherbourger Straße und führt uns entlang der „Neuen Aue" an den westlichen Rand des **Speckenbütteler Parks.** Dieser Park aus dem 19. Jh. ist einer der grünen Schmuckstücke Bremerhavens und einen Besuch wert. Besonders interessant ist das volkskundliche Freilichtmuseum. Hier kann man nacherleben, wie das bäuerliche Leben vergangener Zeiten aussah. Die Geesthofanlage verfügt über ein Rauchhaus von 1625. Das Marschenhaus

**Speckenbütteler Park**
Historische Bauernhäuser mit Geesthofanlage und Marschenhaus
Parkstraße 9
27580 Bremerhaven
☎ (04 71) 81 11 3
Di–Sa 14–18 Uhr
So/Fei 10–12, 15–18 Uhr
1,50 € , Kinder (6–16 Jahre) 0,50 €

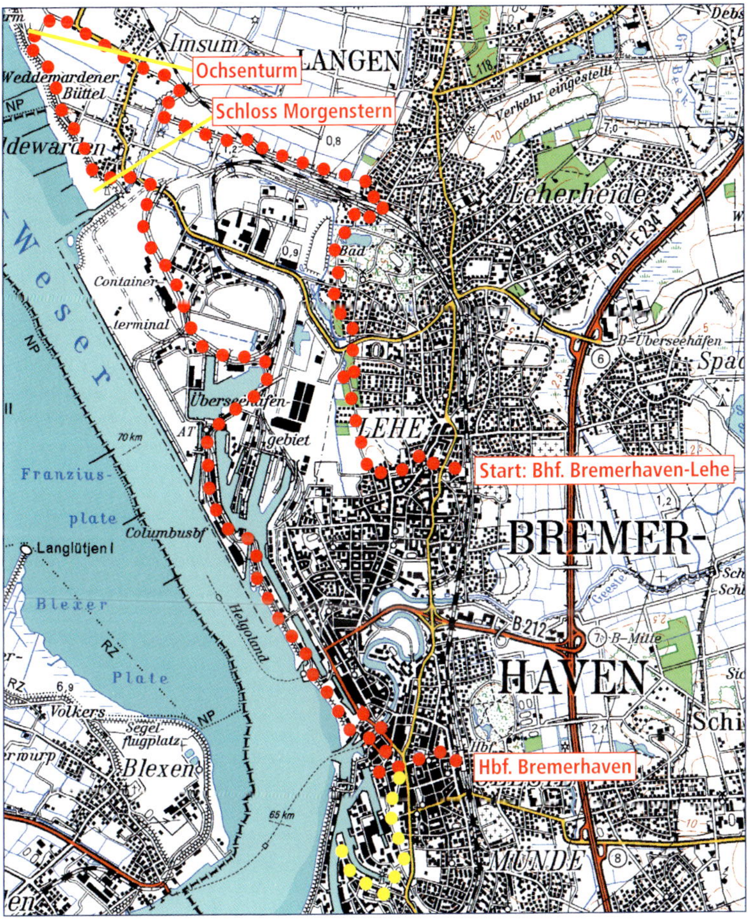


ist eine Kopie eines Originalhauses aus dem 17. Jh. mit bäuerlichen Geräten aus den Marschen. Sehenswert ist auch das „Weidenschloss“ am Bootsteich und der Hochseilgarten an der Bezirkssportanlage.

Von unserem Fuß-/Radweg erreichen wir den Siebensbergensweg und folgen der „Westroute Bremerhaven“ weiter in Richtung Eisenbahntunnel. Kurz danach erreichen wir den Ort **Langen** und biegen links in den Weg „Bütteler Specken“ in Richtung Weddewarden ein.

Reiher auf dem Weserdeich

## Zum Wahrzeichen von Imsum

Wir durchqueren nun an Gräben entlang ein herrliches Küstengebiet der Weser, die **Wurster Marsch**. Mit etwas Glück sehen wir seltene Vögel wie Schilfrohrsänger und Blaukehlchen oder können Zugvögel wie Graugänse und Lachmöven bei ihrer Rast beobachten. In **Imsum** radeln wir ein Stück die Landstraße L 129 entlang und biegen dann die erste Möglichkeit links in Richtung **Ochsenturm** ab. Den hohen und merkwürdig aussehenden Turm können wir schon von weitem sehen, er zeigt uns an, dass wir am Ziel sind.

Der Ochsenturm ist heute das Wahrzeichen des Ortes Imsum. Als einziger erhaltener Teil der ehemaligen „Ochsenkirche", die durch die Weihnachtsflut 1717 zerstört wurde, wird er heute als Aussichtsturm mit idealem Blick auf vorbeifahrende Schiffe genutzt. Nach der Legende soll der eigentümliche Name daher kommen, dass der zufällige Kotfall eines Ochsen den Kirchenstandort im 13. Jahrhundert entschieden hat, da sich die Orte Imsum, Weddewarden und Lebstedt nicht einigen konnten... Auf kurzer Strecke am Deich entlang geht's weiter nach **Weddewarden**, dem nördlichsten und ältesten Stadtteil Bremerhavens.

**Ochsenturm**
Beim Ochsenturm
27607 Langen-Imsum
Apr.–Okt. geöffnet,
freier Eintritt

**Weserblick-Restaurant Schloss Morgenstern**
Burgstraße 1
27580 Bremerhaven-Weddewarden
☎ (04 71) 80 20 46
Mi–So 11–18 Uhr oder nach Vereinbarung
Ausflugslokal mit Terrasse, Café-Restaurant, Fischspezialitäten

## Weddewarden

Dieser Ort mit dörflichem Ambiente hat eine spannende Geschichte. So gehörte Weddewarden im Mittelalter zum Land der Wurt-Friesen, einem besonders freiheitsliebendem Völkchen. Den umliegenden Landesherren war der Wurster Bauernfreistaat ein Dorn im Auge. Um die Eigenständigkeit der Wurster zu brechen, errichteten die Bremer Landesherren im 16. Jahrhundert die „Zwingburg Morgenstern". Die Bevölkerung erhob sich erbittert gegen die Unterdrückung und schaffte es, die Besatzung der Morgenstern-Burg in die Flucht zu schlagen und die Festung zu zerstören. Doch die Truppen von Erzbischof Christoph nahmen blutige Rache. 1524 wurde der Aufstand niedergeschlagen und die Wurster verloren ihre Eigenständigkeit. Im 19. Jahrhundert wurde an der Stelle der ehemaligen Burg eine Friesenstube gegründet, die heute als „Weserblick-Restaurant Schloß Morgenstern" für Besucher sehr attraktiv ist.

Durch die Expansion der **Containerterminals Bremerhaven** und dem Bau des 2006 fertig gestellten CT 4-Terminals „verlor" Weddewarden erneut gegen Bremerhaven, denn die Weddewardener Wattflächen fielen dem Bau des riesigen Hafens zum Opfer. Mittlerweile hat die Seestadt die längste Stromkaje der Welt (eine Kaje ist ein befestigtes Ufer zum Beladen und Löschen von Schiffen) – mit fast 5000 Metern Länge und Platz für viele Liegeplätze von Großcontainerschiffen.

Wir radeln jetzt weiter auf der Route des Weserradwegs in Richtung „Bremerhaven Weserfähre". Mit etwas Glück können wir sogar auf den gegenüberliegenden Sandbänken der Containerterminals Seehunde entdecken! Auf Radwegen werden wir über Brücken und Schleusen bis zur **Columbuskaje**, an der einst Elvis Presley an Land ging, und zum Alten und Neuen Hafen geführt. Hier laden das Deutsche Schifffahrtsmuseum, das Deutsche Auswandererhaus sowie der beliebte Zoo am Meer zu einem Besuch ein (▸ Seite 48).

Über die Kennedy-, Bülow- und Bismarckstraße gelangen wir zum Hauptbahnhof.

**Dingener Hof**
Wurster Landstr. 53
27607 Langen
✆ (04 71) 80 61 40 4
Erlebnisgastronomie, ungewöhnliche „Dorfkneipe"

Ochsenturm in Imsum

Wümmeniederung
bei Fischerhude
▸ Seite 56

# SÜDOST

**Start**
Straßenbahn 6, Haltestelle Universität NW 1

**Ziel**
Fischerhude

**Länge**
33,5 km (Gesamttour bis Bahnhof Oberneuland)

**Dauer**
3 Stunden (reine Fahrzeit, langsames Tempo)

**Rückfahrt**
Bahnhof Bremen-Oberneuland
R3 stündlich bis Bremen Hbf
(Fahrzeit 9–10 Min.)

FISCHERHUDE

# Wo der Fisch zuhause war

**Heute geht's vom Blockland nach Fischerhude, das vom Künstlerflair gleich hinter Worpswede kommt. Tatsächlich gibt es Gemeinsamkeiten zwischen beiden Dörfern, aber der eher zurückgezogene Ort Fischerhude möchte gar nicht „Weltdorf" sein, sondern pflegt sein dörfliches Ambiente. Zurück führt die Radtour durch die Wümmewiesen nach Bremen-Oberneuland.**

Von der Universitätsallee in Horn-Lehe fahren wir in Richtung Autobahnzubringer am Technologiezentrum vorbei in die Kremserstraße. Wir folgen der Linkskurve in die Villacher Straße weiter bis zur Vorstraße und haben an der Straße „Helmer" den Anfang des **Jan Reiners Wanderwegs** erreicht, auf dem wir ohne Autoverkehr durchs **Blockland** bis nach Borgfeld radeln können. Dieser Weg verläuft auf einer ehemaligen Eisenbahntrasse, auf der bis 1956 eine Schmalspurbahn vom Bremer Parkbahnhof (heutige Bürgerweide) bis nach Tarmstedt fuhr. Anfang der 70er Jahre wurde diese Route für den Fuß- und Radverkehr angelegt.

Wir folgen nun der Radroutenausschilderung des Grünen Rings (Querverbindung). Unterwegs haben wir herrliche Einblicke in die Feuchtwiesenlandschaft des mittlerweile unter Naturschutz stehenden **Hollerlands**. Der Name geht wahrscheinlich auf holländische Kolonisten zurück, die die schwer zugängliche Supmpflandschaft im 12. Jahrhundert in Blöcke einteilten und durch Gräben entwässerten. Heute versucht der Naturschutz, das Feuchtgrünland mit der seltenen Binnensalzstelle **Pannlake** und das Grabensystem zu erhalten und weiter zu entwickeln.

Nachdem wir das Blockland auf gerader Strecke durchquert haben, stoßen wir schließlich an den Borgfelder Deich, von wo es in Richtung Borgfeld weitergeht. Wir überqueren die vielbefahrene Borgfelder Allee und folgen der Borgfelder Heerstraße bis zur Borgfelder Landstraße,

Das Otto Modersohn Museum in Fischerhude zeigt Werke des Malers.

die uns an die **Wümme** führt.

Durch ein schönes Baumtor gelangen wir an die Wümmebrücke und haben einen herrlichen Blick auf diesen Fluss. Große Weiden und Erlen stehen am Ufer und die Wiesenlandschaft wird durch zahlreiche Gräben gegliedert, an deren Rändern Birken, Erlen, Pappeln und Weiden locker wachsen. „Am Großen Moordamm" biegen wir rechts ab und radeln jetzt auf der Route des Grünen Rings/Landschaft am Wasser auf dem leicht erhöhten Damm mehrere Kilometer lang weiter, bis wir bis an die Kreuzung **Zum Hexenberg** kommen. Der Hexenberg ist eine kleine Sanddüne, die sich nach Westen bis Lilienthal entlang der Wümmeniederung zieht.

Wir radeln weiter am Ebbensieker Höhenrücken den Waldrand entlang und verlassen am Ende des Waldes die Radroutenausschilderung des Grünen Rings und biegen an einem großen Gehöft links ab. Nach 150 m geht es rechts weiter und wir radeln auf einem Feldweg entlang von Wiesen und Äckern, bis zur nächsten Abzweigung, der wir nach links über eine kleine Wümmebrücke folgen. Am Ende des Weges gelangen wir auf die Lilienthaler Straße, der wir etwa einen Kilometer in Richtung Quelkhorn folgen.

**Gasthaus Meyerdierks**
**„Am Hexenberg"**
Ebbensiek 12
28870 Ottersberg
☎ (0 42 98) 38 48
Mo, Di, Fr 10–13 Uhr und
Mo, Di, Do, Fr 16–24 Uhr,
Sa/So 10–24 Uhr
Beliebtes Ausflugslokal
am Wümme-Nordarm
mit Biergarten, Café und
Restaurant

**Otto Modersohn Museum**
In der Bredenau 95
28870 Fischerhude
( (0 42 93) 328
www.modersohn-museum.de
Tgl. 10–18 Uhr
4 €, Schüler/Studenten 2 €
Gesamtwerk des Malers Otto Modersohn

**Kirche „Unserer Lieben Frau"**
Kirchstraße 11
28870 Fischerhude
( (0 42 93) 3 52
Schlichte, spätklassizistische Kirche von 1841 mit interessanter Stelen-Mauer

**Heimathaus Irmintraut**
Kirchstraße 2,
28870 Fischerhude
( (0 42 93) 71 86
Di–So 11–13 Uhr und 15–17 Uhr
1,50 €, Kinder bis 18 Jahre frei.
Sehenswertes kleines Freilichtmuseum und niedersächsisches 2-Ständerhaus

## In Fischerhude

Vorm Ortseingang nach Surheide treffen wir wieder auf die Radwegeausschilderung des Grünen Rings/Marsch, Moor & Geest und folgen dieser weiter bis zum **Otto Moderson Museum**, das ganz am Ostrand von Fischerhude liegt. Dieses Haus, eine 200 Jahre alte Fachwerkscheune, wurde vom Sohn Modersohns für den Nachlass seines Vaters eingerichtet, der sich nach dem frühen Tod seiner Frau und Künstlerin Paula Modersohn-Becker nach Fischerhude zurückgezogen hatte. Der berühmte Worpsweder Künstler heiratete später die Musikerin und Konzertsängerin Louise Breling, mit der er zwei Söhne bekam. In den Räumen bekommen wir in wechselnden Ausstellungen eine Reihe von Modersohn-Werken, aber auch andere Bilder und Skulpturen weiterer Künstler zu sehen. In Fischerhude lebten auch der Maler Heinrich Breling sowie Jan und Olga van Beek , die die sog. „Fischerhuder Kunstkeramik" schufen. In dieser Tradition arbeiten auch heute Künstler im Ort.

Vom Otto-Modersohn-Museum radeln wir ins **Fischerhuder Ortszentrum**, das sich sein dörfliches, romantisches Aussehen bis heute erhalten konnte. Enge Gassen mit altem Findlingspflaster führen durch den Ortskern. Alte Holzstaketenzäune bewahren die Bewohner vor allzu neugierige Blicken. Früher hatte jeder Hof Zugang zum Was-

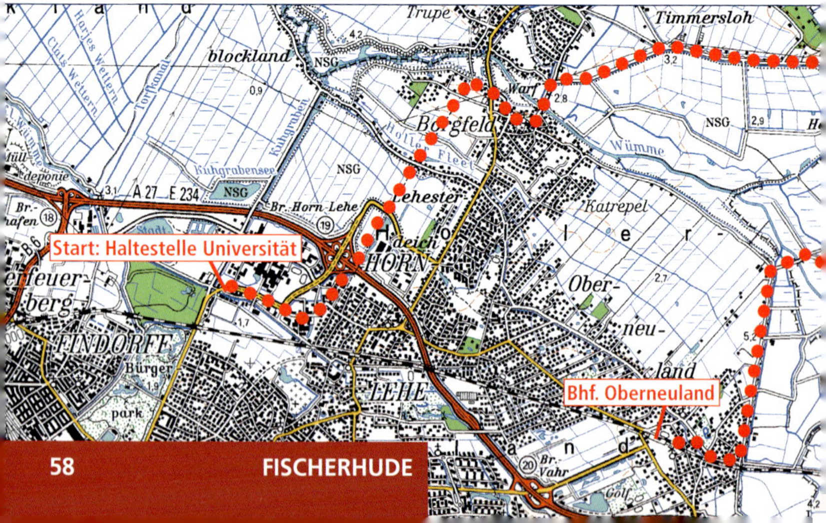

ser der Wümmearme und -gräben, die die wichtigsten Verkehrsadern in diesem Überschwemmungsgebiet darstellten. Daher auch der Name des Ortes Fischerhude, der früh Wasserrechte besaß und neben Zolleinnahmen, auch reichlich Fisch, besonders Aal verkaufen konnte. Nicht wenige Bauern wurden dabei recht wohlhabend.

Besonders schön ist die ehemalige **Dorfweide** mit uralten Eichen, um die herum alte Niedersachsenhöfe sowie die hübsche, schlichte Kirche **Unserer Lieben Frau** kreisförmig angeordnet stehen. Es lohnt sich, diese spätklassizistische Kirche mit ihren lichten hohen Räumen auch von innen anzuschauen. Sehenswert ist auch die Kirchenmauer mit 39 Stelen, die die Dorfbewohner 1859 vom Wilstedter Friedhof holten, nachdem sie eigenständige Kirchgemeinde wurden. Empfehlenswert ist auch ein Besuch des **Heimathauses Irmintraut**, das in einem typischen Zweiständerhaus aus dem Jahr 1764 untergebracht ist. Der Hof gehörte früher zu den 18 bedeutenden Höfen Fischerhudes und wurde „Tietjenhof“ genannt.

Auf unserem Weg zurück radeln wir durch die Molkereistraße in Richtung Westen auf den Wald zu, an dem wir schon auf dem Hinweg entlang gekommen sind. Diese Strecke ist gut ausgeschildert (Wümme-Radweg/Grüner Ring) und führt über mehrere Wümme-Arme in Richtung Borgfeld und zum Bahnhof Bremen-Oberneuland.

**Puppen-Cafe im Eichenhof**
Kirchstraße 10
28870 Fischerhude
☎ (0 42 93) 4 78
Tgl. 12–21 Uhr
Bekanntes Café in „Omas guter Stube" mit Mobiliar aus der Biedermeierzeit und vielen Puppen

**Café im Rilke-Haus**
In der Bredenau 81
28870 Fischerhude
☎ (0 42 93) 13 85
Di–So 14–19 Uhr
Wohnhaus und Atelier von Clara Rilke-Westhoff bis zu ihrem Tod 1954; heute gemütliches Cafe mit originalgetreuer Einrichtung.

**Start**
Bahnhof Barrien
R5 alle 60 Min. ab
Bremen Hbf
(Fahrzeit 16 Min.)

**Ziel**
Thedinghausen,
Etelsen

**Länge**
31,5 km, alternative
Strecke ohne Fähre:
29,5 km

**Dauer**
3 Stunden (reine
Fahrzeit, langsames
Tempo)

**Rückfahrt**
Bahnhof Etelsen
R1 alle 30–60 Min.
(Fahrzeit 23 Min.)

**Wassermühle Barrien**
An der Wassermühle 4b
28857 Syke-Barrien
☎ (0 42 42) 71 70
www.wassermuehle-barrien.de
Di–Sa 15–20 Uhr, So/Fei
10–18 Uhr
Gut erhaltene Mühle, Café
und Kunsthandwerksausstellung

BARRIEN – ETELSEN

# Von der linken zur rechten Weserseite

**Von Barrien aus radeln wir durch die wellige Geestlandschaft bis in die Moorgebiete rund um Thedinghausen. Hier begeben wir uns auf die Spuren der „Thänhuser" und besuchen die historische Altstadt. Mit der Sommerfähre fahren wir über die Weser und spazieren durch den Schlosspark in Etelsen.**

Am Bahnhof in Barrien müssen wir zuerst die steile Eisenbahnbrücke bewältigen, die wir dann aber bergab in flottem Tempo wieder hinunterfahren können. Entlang einer schönen Lindenallee mit Blick auf den Kirchturm St. Bartholomäus erreichen wir in kurzer Zeit den Ort **Barrien** und biegen an der Kreuzung die Straße „An der Wassermühle" rechts ab.

Nach 150 m sehen wir rechterhand vor uns die alte **Wassermühle** von 1857. Das Wasserrad der Mühle ist an ein E-Werk gekoppelt und liefert beim Drehen nebenbei „sauberen" Strom. Im alten Steinboden, der zu einem Café-Bistro mit Kunsthandwerkausstellung umgebaut wurde, befindet sich auch noch einer der beiden Mahlgänge.

Das Dorfzentrum von Barrien liegt etwas versteckt hinter den breiten und verkehrsträchtigen Hauptverkehrsstraßen. Wer Interesse hat es sich anzuschauen, der kann in Höhe des Parkplatzes der Wassermühle die Straße queren und um den kleinen Teich an der Hache entlang zur alten St. Bartholomäuskirche gehen.

Auf der Sudweyer Straße radeln wir am Ortsrand von Barrien entlang und blicken dabei in das grüne Hachetal mit seinen Wiesen, Weiden und Gehölzgruppen. Bald haben wir den Jeebeler Kiefernwald erreicht und biegen in den Bokeler Weg rechts ab. Wir folgen weiter der Radwegeausschilderung des **Grünen Ring/Landschaft am Wasser** in Richtung Riede und verlassen hinter dem Wald die wellige Geestlandschaft. Ab hier

Am Ziel der Tour: Schloss und Schlosspark Etelsen.

tauchen wir in die flache Marschlandschaft des Okeler und Sudweyer Bruchs ein.

Wir überqueren den Süstedter Bach und kommen wenig später im Zentrum von **Riede** an, ein kompakter Ort mit der bekannten St. Andreas-Kirche, die als hervorragendes Beispiel niederdeutscher Backsteingotik gilt. Hier lohnt sich eine Besichtigung unbedingt, denn die Kirche aus dem 13. Jahrhundert ist mit farbenprächtigen Fresken-Malereien ausgestattet.

Wir folgen dem Grünen Ring wieder aus dem Ort heraus und radeln nun in Richtung Thedinghausen weiter. Hinter dem Gut Donnerstedt kommen wir am „Adligen Holz" vorbei. Wenig später ist **Thedinghausen** erreicht. Hier richtet sich unser Blick gleich auf die prächtigen Fachwerkgebäude, die von ihrer Größe auf die Wichtigkeit des Ortes schließen lassen. Und richtig: Der Ort, der in Plattdeutsch „Thänhusen" heißt, gehörte von 1679 bis 1972 als Amt Thedinghausen zu Braunschweig. Die Braunschweiger Adligen haben dem Ort hier ihren Stempel bzw. Löwen aufgedrückt.

Viel von der Geschichte des Ortes kann man in einem kleinen Rundgang auf der „Thänhuser Löwenspur" – einem ausgeschilderten Geschichtspfad – erfahren. Vom imposanten **Rathausplatz** mit Rathaus und Packhaus aus dem 18./19. Jh. über die Alte Apotheke von 1814, das Alte Amtsgericht (1846) bis zum schlossartigen **Erbhof**, einem Herrensitz der Weserrenaissance aus dem

**St. Andreas-Kirche**
Schulstraße 1
27339 Riede
Führungen nach Vereinbarung (Samtgemeinde Thedinghausen)
☎ (0 42 04) 88 22
Romanische Backsteinkirche mit farbenprächtigen Fresken aus dem 14./15. Jahrhundert

**Pingelheini**
Museumsbahn Bremen-Kirchhuchting – Thedinghausen
An festen Terminen in der Saison Zugfahrten mit historischen Kleinbahn-Waggons.
Infos unter:
☎ (0179) 66 34 89 9
www.pingelheini.de

**Erbhof Thedinghausen**
Braunschweiger Str. 1
27321 Thedinghausen.
Erbhofführungen
☎ (0 42 04) 6 94 31
(Klaus-Dieter Schneider)
Ehemaliger Herrensitz aus der Weserrenaissance

**Schlosspark**
Bremer Straße 2
27299 Etelsen
Park ganzjährig geöffnet, Eintritt frei
☎ (0 42 02) 7 11 44
Wunderschöner Park mit interessantem Baumbestand und einem heute als Ausstellungsraum dienenden Mausoleum.

Jahre 1620, sehen wir herausragende Beispiele historischer Architektur. Der Erbhof, der damals pikanterweise vom Bremer Erzbischof Johann Friedrich für seine Geliebte gebaut wurde, ist heute in Gemeindeeigentum. Auch ein großer Baumpark wurde hier vor ein paar Jahren angelegt und kann besucht werden.

Vor der Weiterfahrt entscheiden wir uns, ob wir den Weg nach Etelsen über die Weserbrücke nehmen oder mit der Fähre die Weser queren möchten, die allerdings nur in der Saison fährt.

Unsere Hauptstrecke (Fährfahrt) führt uns auf der Route des Grünen Rings (Verbindungsweg) in Richtung Emtinghausen und vom südlichen Ortsausgang über den Winkel- und Bruchweg auf die Radroutenverbindung des Grünen Rings „Marsch, Moor, Geest“. Hier beginnt das weite Wesertal und hinter dem Deich bekommen wir herrliche Aussichten auf Weißdorn-gesäumte Wiesen, Weiden und Ackerflächen. Hinter der Eyterbrücke geht's weiter durch Morsum/Oetzen und von da aus haben wir schon bald die **Fähre** in Ahsen erreicht.

Nach einer kurzen Bootsfahrt auf der historischen Fähre Hagen-Grinden/Ahsen-Oetzen ra-

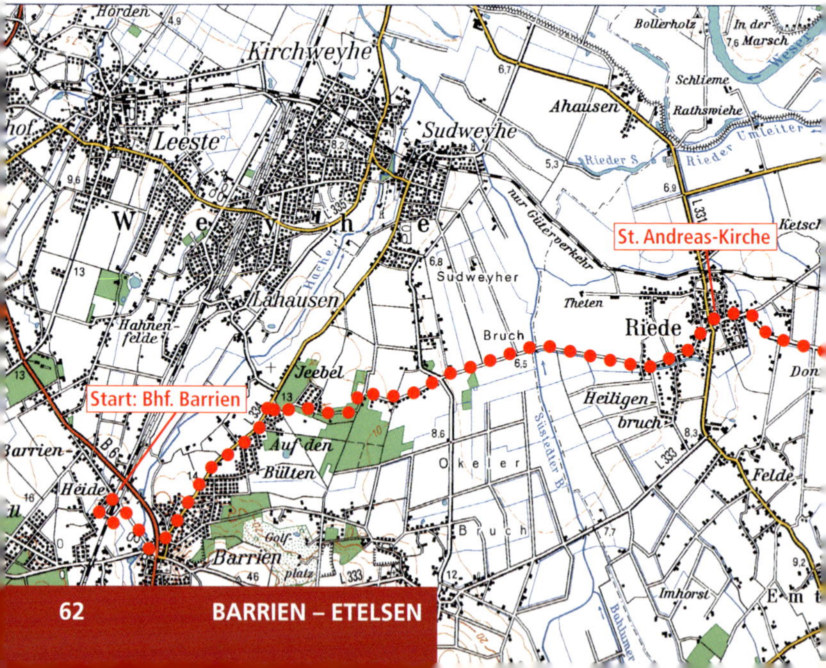

deln wir durch Grinden geradeaus weiter zur Brücke über den Schleusenkanal, die wir schon von weitem erkennen können. Von hier kommen wir auf geradem Wege direkt in **Etelsen** an und radeln entlang der Etelser Bahnhofstraße geradeaus zur Bremer Straße, an der wir links abbiegen. Schon nach wenigen Metern erreichen wir auf der linken Seite das Portal zum **Etelser Schlosspark**.

Das große und repräsentative Schloss, das 1885–87 im Renaissancestil errichtet wurde, ist von einem wunderbaren, 10 ha großen Park mit altem Baumbestand und einem Rosengarten umgeben. Das ganze Anwesen ist mittlerweile unter Denkmalschutz gestellt. Leider kann das Schloss nicht besichtigt werden, da es zum Tagungshaus und Hotel umgebaut wurde. Der Park steht aber der Öffentlichkeit zur Verfügung.

Von hier aus machen wir uns allmählich auf den Heimweg. Kurz vor dem Bahnhof, entlang der Bahnhofstraße, kommen wir an der **Windmühle Jan Wind** von 1871 vorbei, die mit knapp 23 m der größte Galerieholländer der Umgebung ist. Sie wurde liebevoll in den 90er Jahren renoviert und kann nach Anmeldung besichtigt werden.

**Mühle Jan Wind**
Galerieholländer Windmühle von 1871
Mühlenhof 5
27299 Etelsen
Förderkreis Windmühle Etelsen,
Herr Heinrich Struckmann
☎ (0 42 35) 22 87
Besichtigungen nach Absprache.

**Fähre Grinden–Ahsen**
Fußgänger und Radfahrer-Fähre über die Weser zwischen Hagen-Grinden und Ahsen-Oetzen.
Mai bis Mitte Okt. Sa/So/Fei 10–18 Uhr
1 €, Kinder 0,50 €, Fahrrad 0,50 €
Ziel des Fährvereins ist es, mit dem Betrieb der historischen Weserfähre den umweltfreundlichen Tourismus attraktiver zu machen. www.faehrverein.de/home.php

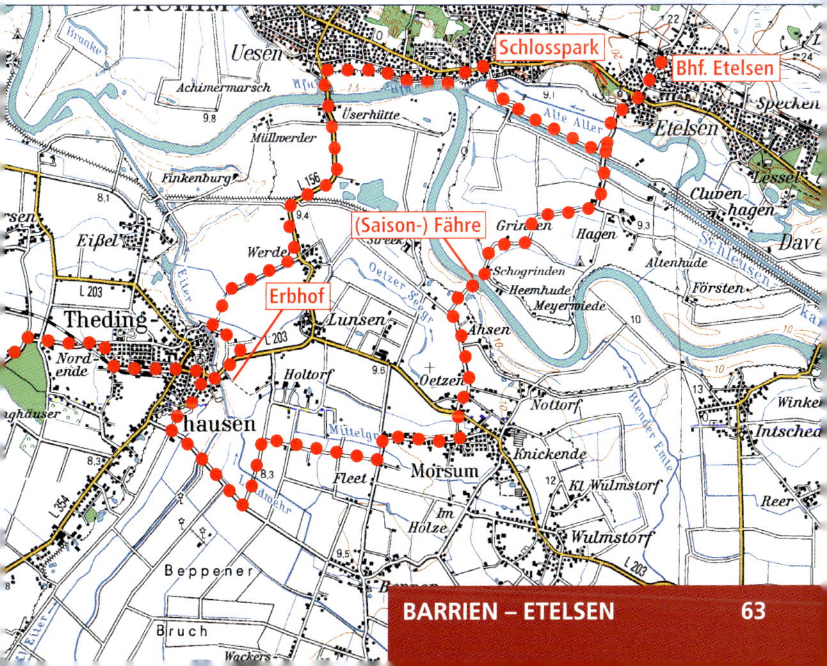

**Start**
Bahnhof Syke
R5 ca. alle 30. Min. ab Bremen Hbf
(Fahrzeit 13–21 Min.)

**Ziel**
Syke, Blender, Verden

**Länge**
38 km

**Dauer**
4 Stunden (reine Fahrzeit, ohne Pausen)

**Rückfahrt**
Bahnhof Verden
R1 alle 30–60 Min.
(Fahrzeit 23–33 Min.)

SYKE – BLENDER SEE

# Hohe Geest und Weserurstromtal

**Unsere Tour von Syke führt uns von der hügeligen Wildeshauser Geest in die Eyter-Ebene und die Bruchlandschaft von Schwarme. Am romantischen Blender See pausieren wir und radeln über Weser und Aller zur Domstadt Verden.**

Vom Bahnhof **Syke** queren wir die Eisenbahngleise und starten unsere Radtour in Richtung Kreismuseum, das im Gebiet des lieblichen **Hachetals** liegt. Wir nehmen die Straße „Auf den Würden", die uns geradeaus durch ein ruhiges Einfamilienhausgebiet und um die geschäftige Innenstadt von Syke herumführt.

Auf dem Hachedamm entdecken wir ein Schild mit Hinweisen zum Kreismuseum und Freibad und biegen links in die Straße „Im Hachetal" ab. Hier gelangen wir ins Grüne und radeln entlang der ausgeschilderten Radverkehrsführung (Grafentour) abseits von Straßenlärm durch den hellen Erlenbruchwald und erreichen über die Hachebrücke den Parkplatz des Kreismuseums. In dem 1747 errichteten alten Ackerbürgerhaus und seinen Nebengebäuden wird anschaulich die regionale Geschichte präsentiert.

**Kreismuseum Syke**
Herrlichkeit 65
28857 Syke
☎ (0 42 42) 25 27
Di–Fr 14–17, Sa 14–18 Uhr, So/Fei 10–18 Uhr.
2 €, ermäßigt 1 €, Kinder bis 5 Jahre frei.
Freilichtmuseum mit einem alten Syker Ackerbürgerhaus und einer großen Hofanlage

Nach dem **Kreismuseum** müssen wir die stark befahrene Bundesstraße queren und radeln ein Stück die „Herrlichkeit" in Richtung Innenstadt weiter. 100m hinter dem alten Friedhof biegen wir links in das Friedeholz ab und folgen der Wegweisung Richtung Schnepke. Beständig steigt der Weg um etwas über 20m an und wir müssen kräftig in die Pedale treten. Nach etwa 300 m biegen wir rechts ab und erreichen nach kurzer Zeit das Schützenhaus – womit der etwas anstrengende Teil der Tour auch schon geschafft wäre.

Das **Friedeholz** gehört zu den beliebtesten Wald- und Erholungsgebieten von Bremen und hat einen wunderschönen Buchen- und Eichenbestand. Hier kann man zwischen Mitte Juli bis Mitte August die wildwachsende Orchidee „Breitblättrige Stengelwurz“ entdecken, die alljährlich in größerer Anzahl blüht.

Auf gut befahrbaren Waldwegen radeln wir am Ortsrand Sykes an einem Sportplatz vorbei und kommen hinter einer Schranke an die Okeler Straße. Hier queren wir und kommen direkt zum **Syker Vorwerk**, das sich in mehreren Fachwerkhäusern präsentiert. Von der „Colonie Syke“ aus dem ausgehenden 16. Jh., die als landwirtschaftlicher Versorgungsbetrieb des Syker Amtshofes genutzt wurde, sind heute noch das 1728 erbaute Landratswohnhaus wie auch das Brau- und Kutscherhaus (1736) erhalten. Hier wurde das **Zentrum für zeitgenössische Kunst** eingerichtet, das zusammen mit einem parkartigen Skulpturengarten besucht werden kann.

**Freibad Syke**
Herrlichkeit 63 A
28857 Syke
( (0 42 42) 30 00
Mo–Fr 14–19 Uhr, Sa/So 11–19 Uhr, Sommerferien tgl. 11–19 Uhr
Eintritt frei

**Syker Vorwerk**
Am Amtmannsteich 3
28857 Syke
( (0 42 42) 57 74 10
www.vorwerk-syke.de
Sa 14–18 Uhr,
So/Fei 11–18 Uhr
Wechselnde Ausstellungen in schönem Ambiente

## Von der Geest in die Marsch

Auf dem separat geführten Radweg radeln wir weiter auf der Schnepker Straße durch einen schönen Buchenwald hindurch und erreichen

Am Blender See

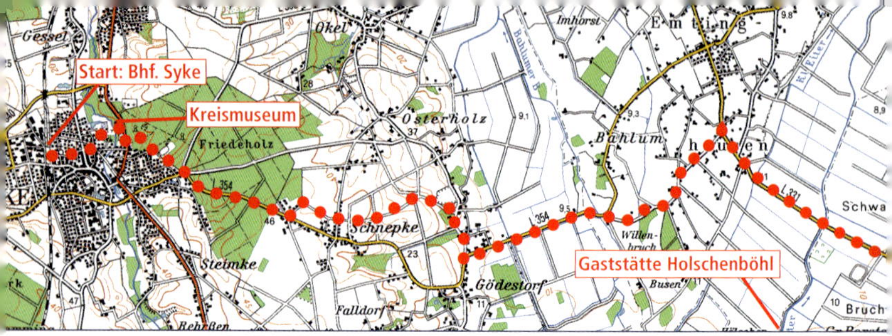


**Holschenböhl**
Zum Holschenböhl 2
27321 Emtinghausen-Bahlum
☎ (0 42 95) 2 48
Mai–Sept. Mo, Mi–Sa ab 15 Uhr, So ab 11 Uhr
Okt.–Apr. Do–Sa ab 18 Uhr, So ab 12 Uhr
Traditionsgaststätte mit Biergarten im Süstedter Bruch

nach etwa 1,5 km den Ortsrand Schnepkes. Hier biegen wir links in den Fuhrenweg ab.

Wir kommen durch eine offene hügelige Landschaft mit kleinen Feldern, einzelnen Gehölzgruppen und Bäumen. Hier und da steht eine Bank unter Birken und lädt uns zur Pause ein. Die landschaftlich bezaubernde Strecke erstreckt sich weiter bis nach Gödestorf und wir haben einen herrlichen Blick auf die letzten Ausläufer der sich sanft wölbenden Geest. Am Mühlenstumpf vorbei kommen wir an die Kreisstraße 121, in die wir rechts abbiegen. Hier verlassen wir die „Grafentour" und stoßen auf die Radroute „Grüner Ring Region Bremen", der wir kurze Zeit später links in Richtung Schwarme für die nächsten 5 km folgen.

Von nun an geht's ohne Auf und Ab weiter, denn wir sind in der Wesermarsch angekommen. Vor uns liegt das Auengebiet des Süstedter Baches und hinter Emtinghausen/Bahlum breitet sich die Eyterniederung aus.

In dieser weiten Flussmarsch wurden schon kleinste Erhebungen, die Schutz vor hohem Wasser boten, zur Besiedlung genutzt. Heute nehmen wir kaum wahr, dass die Ortschaften, durch die wir kommen, etwas höher in der Landschaft liegen. So radeln wir ohne große Anstrengung in der ebenen Landschaft weiter, die besonders im Frühjahr zur Raps- und Weißdornblüte ihren besonderen Reiz entfaltet, und erreichen den Ort **Schwarme**, der viele Fachwerkhöfe, kleine Gaststätten und sogar ein Freibad hat. Hier fahren wir vor der Kirche rechts in Richtung Hustedt und Einste ab und gelangen über das Kiefernwaldgebiet und die Straße „Jerusalem" über Adolfshausen, Holtum-Marsch und Einste nach **Blender**.

Wir fahren ein kurzes Stück weiter geradeaus in den Ort und gelangen nach ein paar Metern an die Badestelle des romantisch gelegenen **Blender Sees**, der einst ein Teil des alten Flussbettes der Weser war. Hier legen wir am kleinen Strand eine ausgiebige Pause ein. Bevor es nach Verden weitergeht, gibt es am nördlichen Ortsrand von Blender noch eine schön restaurierte und voll funktionsfähige Galerie-Holländer-Mühle zu besichtigen. Auch die Kirche zu Blender aus der Zeit der Aufklärung lohnt einen Besuch.

Unsere Route setzen wir in Richtung Oiste weiter fort und radeln vom See aus zurück bis zur nächsten Kreuzung, an der wir links in die „Mühlenwiese“ abbiegen. Entlang schöner alter Höfe und Speicherhäuser geht es nun weiter in Richtung Verden. „Am Zaaster“, geht's gleich wieder rechts ab und die Straße führt uns in mehreren scharfen Kurven entlang einer Landschaft mit vielen Kopfweiden nach Oiste. Hier treffen wir auf die Radroutenausschilderung des Weserradwegs, der uns über die Weser nach Groß Hutbergen und anschließend abseits der Hauptstraße über Hönisch mit seiner kleineren Südbrücke über die Aller nach Verden führt. Vom unbebauten Allerufer und von der Brücke aus haben wir dabei einen herrlichen Panoramablick auf die Stadt **Verden** mit ihrem herausragenden Dom.

Von der Brücke aus gelangen wir ins Stadtzentrum und kommen, wenn wir uns geradeaus durch die Brückstraße bewegen und die Große Straße und den Nikoleiwall überqueren, direkt zum Bahnhof. Aber vorher unternehmen wir noch einen ausführlichen Stadtspaziergang durch Verden (▸ Seite 68).

**Blender Kirche**
Auf den Linteln 4
27337 Blender
☎ (0 42 33) 4 11

**Windmühle Blender**
Restaurierte Galerie Holländer Mühle von 1872, Anfragen zur Besichtigung an den
Ernte-und Mühlenverein Blender e. V.
☎ (0 42 33) 3 32

**Gasthaus „Zur Blender Mühle“**
In der Marsch 16
27337 Blender
☎ (0 42 33) 98 25 99 0
Mo, Mi–Fr ab 17–22.30 Uhr, Sa/So 11–15 Uhr, 17.30–22.30 Uhr, in den Sommermonaten durchgehend geöffnet
Regionale Küche, Terrasse vis à vis der Windmühle

**Café am Deich**
Weg zum Holderneß 2c
27337 Blender-Oiste
☎ (0 42 33) 9 41 9 4
www.suhr-oiste.de
Mai–Sept. Mo–Do 12–18 Uhr, Fr–So 12–20 Uhr
Okt.–Dez. Di, Do, Sa/So 14–18 Uhr
Große Gartenterrasse

**Start**
Bahnhof Verden
R1 alle 30–60 Min. von Bremen Hbf. (Fahrzeit 23–33 Min.)

**Ziele**
Dom, Altstadt, Allerufer

**Dauer**
3 Stunden
(ohne Pfede-Museum)

VERDEN

# Die Dom- und Pferdestadt

**Die über 1000 Jahre alt Stadt Verden ist bekannt für ihren dreischiffigen Dom und als Stadt der Pferde. Auch als Ausgangspunkt für eine Tour auf dem Aller- oder Weser-Radweg eignet sich Verden.**

Unser erstes Ziel ist der gotische **Dom**, ein Highlight niedersächsischer Kirchengeschichte. Seit 849 n. Chr. Bischofssitz, steht die heutige Kathedrale an Stelle früherer Kirchen aus Holz und Stein, die dem Feuer zum Opfer fielen. Der Dom von Verden ist die erste und einzige gotische Bischofskirche Niedersachsens und wurde 1490 fertiggestellt. Er ist dem architektonischen Stil der Kathedrale von Reims und des Mindener Doms nachempfunden.

Besonders beeindruckend im Inneren der Kirche ist der „Dominnenraum" mit dem hohen Kreuzrippengewölbe. Sehenswert sind unter anderem auch die Krypta, der aus dem 13. Jh. stammende Taufstein und der Kreuzgang des ehemaligen Klosters. Von letzterem kommt man in den Innenhof des Domes mit einem „steinernen Mann" an der Außenmauer des nördlichen Seitenschiffes. Hierzu wird folgende Legende erzählt:

„Es war einmal ein Küster des Doms, der Kirchengelder veruntreut haben soll. Als er nun vor dem Bischof Rechenschaft ablegen sollte, schwor er, dass der Teufel ihn holen solle, wenn er solches getan hätte. Sofort erschien der leibhaftige Satan, packte den Küster und wollte mit ihm durch die Dommauer hinausfahren. Doch seine „Beute", der Küster, blieb in der Mauer stecken und verwandelte sich in Stein."

Da kann man ihn immer noch besichtigen...

Kirchenbegeisterte können sich in Verden noch zwei weitere alte Kirchen anschauen – die direkt neben dem Dom befindliche romanische St. Andreaskirche und die St. Johanniskirche von 1150, die im Norden der Altstadt steht.

In der Altstadt liegt auch die **Große Straße,** die

**Verdener Dom**
Lugenstein 10
27283 Verden
☎ (0 42 31) 93 90 74
Tgl. von 9–17 Uhr geöffnet
Führungen nach Absprache

**Domschänke**
Lugenstein 11/13
27283 Verden
☎ (0 42 31) 93 99 60
www.domschaenke-verden.de
Apr.–Okt. tgl. 11–24 Uhr, Nov–März 12–24 Uhr
Gehobene regionale Küche

Das Verdener Rathaus stammt aus dem Jahr 1730

mit ihren Gebäuden unter Denkmalschutz steht. Auf tiefen, schmalen Grundstücken reihen sich hier Giebelhäuser aneinander, die großteils noch aus altem Fachwerk bestehen. Repräsentativ ist das barocke **Rathaus**, das 1730 anstelle eines baufälligen Fachwerkgebäudes neu errichtet wurde.

Folgen wir den Hufeisen auf den Gehwegplatten der Fußgängerzone, gelangen wir zum **Pferdemuseum** am Holzmarkt. Und nicht nur hier – überall in der Stadt Verden treffen wir auf Pferdemotive wie die zwei Fohlen-Skulpturen im Zentrum, die die Reiterstadt symbolisieren sollen. Dabei hat die Reiterei und Pferdezucht zwar – dank der guten Weiden in den Flussmarschen in dieser Region – Tradition, aber erst ab dem ersten Weltkrieg wurden in Verden Großturniere durchgeführt. Später kamen Auktionen mit Pferdeschauprogramm und Galaabende dazu.

Um 1918 entstand durch den Verdener Heimatbund die erste pferdekundliche Sammlung, die ihre Aufgabe vor allem darin sah, Erinnerungen an die Pferdezucht als eine aussterbende Kultur aufzubewahren. Seit 2000 ist das **Pferdemuseum** stilecht in die ehemalige große Ulanen- und Garde-Husaren-Kaserne von 1831 am Holzmarkt/Bahnhof untergebracht und es lohnt sich ein Besuch auch für Nichtreiter/innen.

**Auenland am Rathaus**
Große Straße 46
27283 Verden
☎ (0 42 31) 95 65 50
Di–Do 11.30–15, 18–21,
Fr–So 11.30–21.30 Uhr
Große Auswahl an vegetarischen Gerichten (Bio-Küche), Terrasse am Rathausplatz

**Deutsches Pferdemuseum**
Holzmarkt 9
27283 Verden
☎ (0 42 31) 80 71 40
Di–So 10--17Uhr
3 €, Kinder bis 18 Jahre
1,50 €, bis 4 Jahre frei

**Start**
Bahnhof Eystrup
R1 alle 60 Min ab
Bremen Hbf
(Fahrzeit 35 Min.)

**Ziele**
Rethem, Westen

**Länge**
30,5 km, alternative
Strecke (ohne Fährfahrt) 20,5 km

**Dauer**
3 Stunden, alternative
Strecke 2 Stunden
(reine Fahrzeit, langsames Tempo)

**Rückfahrt**
Bahnhof Dörverden
R1 alle 60 Min.
(Fahrzeit 31 Min.)

MITTELWESER – ALLER

# Von Fluss zu Fluss

**Von Eystrup aus radeln wir heute durchs schöne Mittelwesergebiet an die Aller, besuchen die Bockwindmühle in Rethem und das verträumte Fachwerkstädtchen Westen, das wir mit der Solarfähre „Marie Hoffmann" erreichen. Über Dörverden geht's wieder mit der Bahn zurück nach Bremen.**

Vom Eystruper Bahnhof starten wir in nordöstlicher Richtung und folgen der grün-weißen Radausschilderung nach Hassel und Heithüsen. Hier kommen wir entlang der Straßen Alter Postweg und Rühmsteweg durch ein kleines Waldgebiet. Kurz darauf haben wir freien Blick über die Felder der **Hämelheide**. Ein paar große Windkrafträder zeigen uns, dass auch hier die alternative Energiegewinnung Einzug erhalten hat, ohne aber das Landschaftsbild nachhaltig zu stören.

Wir folgen der Radbeschilderung weiter entlang der Heithüser Straße in Richtung Rethem/ Donnerhorst. Sie führt uns nach einem Linksschwenk auf die Hämelhauser Straße und in Richtung eines Kiefernwaldes. Hier ist der Weg nicht asphaltiert und kann durch Forstfahrzeuge aufgewühlt und sandig sein, sodass wir eventuell stellenweise schieben müssen.

Ein kurzes Stück hinter unserem Wald haben wir wieder befestigten Grund unter den Rädern und wir nähern uns der verkehrsreichen Kreisstraße 112. Bevor wir diese jedoch erreichen, stoßen wir etwa 50 m vorher auf die Trasse der ehemaligen Eisenbahnstrecke von Verden nach Rethem. Für die Radler/innen gibt es hier eine ausführliche Radverkehrausschilderung, die uns unter anderem auch auf den **Allerradweg** hinweist. Dieser führt entlang der ehemaligen Bahntrasse sowohl nach Hülsen und Westen als auch nach Rethem. An diesem Punkt müssen wir uns entscheiden: nehmen wir die kurze Route auf der linken Seite der Aller über Hülsen nach Westen oder die längere Hauptroute auf der rechten Allerseite nach

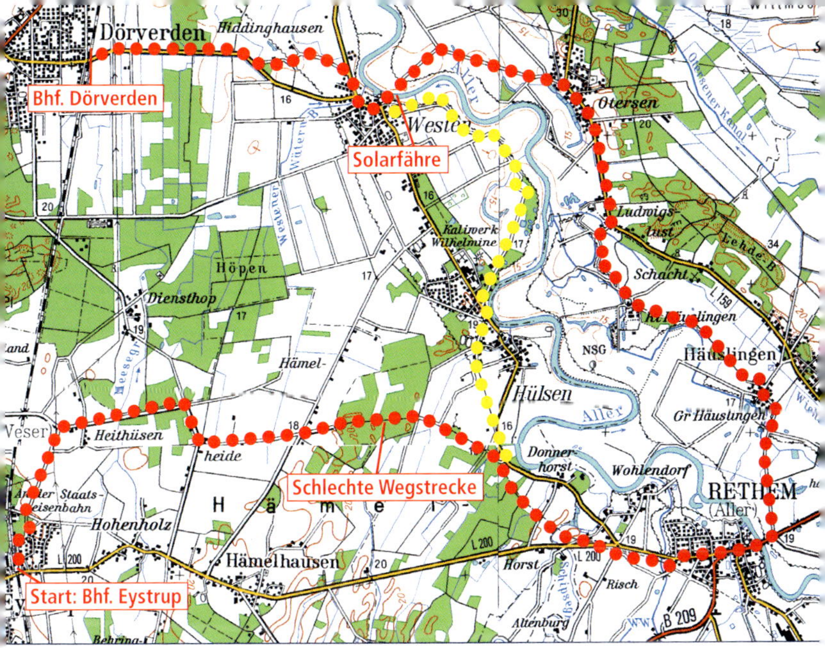


Rethem. Für letztere Variante müssen wir uns allerdings vorher erkundigen, ob die Solarfähre in Betrieb ist, denn wenn sie nicht fährt, müssen wir von dort weiter bis nach Verden radeln (etwa 16 km).

## Unterwegs in Rethem

Der Weg nach Rethem führt auf einem wunderschönen Pfad durch die liebliche Alleraue mit lichtem Bruchwald aus Erlen und Birken. Nach nach 5 km Rethem ist erreicht. Wir verlassen den Allerradweg, fahren weiter geradeaus und biegen hinter der Brücke über die Wölpe links in den Postweg ab, der uns in den hübschen Ort führt.

Entlang einer Ahornallee, an kleinen bunt gestrichenen Häusern vorbei, werden wir durch die Hauptstraße geführt. Unterwegs weisen blau-grüne Schilder auf touristisch interessante Ziele hin. In Höhe der hübschen kleinen St. Marienkirche biegen wir rechts in die Herrmann-Löns-Straße und von dort links in die Londystraße ab, die uns an Sportanlagen vorbei auf einem Fuß- und Radweg direkt zur bekannten drehbaren Ständermühle führt.

**St. Marien**
Kirchplatz 2
27336 Rethem
☎ (0 51 65) 15 17
Regelmäßig geöffnet von April–Sept. 10–16 Uhr
Hübsche 1833 erbaute Kirche

**Bockwindmühle Rethem**
Londypark
☎ (0 51 65) 15 13
Geöffnet am Mühlentag (Pfingstmontag) oder nach Absprache

**Burghof Rethem**
Kulturzentrum
Lange Straße 2
27336 Rethem
Führungen über den Burghof-Verein e.V.:
☎ (0 51 65) 22 22 (Walter von Döhlen)

**Landfrauencafé**
im Burghof
Apr.–Sept.
Sa/So/Fei ab14 Uhr
Selbstgebackener Kuchen

St. Annen Kirche in Westen

**„Use lüttje Dörpslaoden"**
Steinfeld 21
27308 Kirchlinteln-Otersen
www.dorfladen24.de
☎ (0 42 38) 94 37 50
Mo–Fr 6.30–13, Di, Do, Fr 15–18 Uhr, Sa 7–13 Uhr, So 8–10 Uhr (Brötchen)
Selbstorganisierter Dorfladen, Radler-Café.

**Solarfähre „Marie Hoffmann"**
verkehrt Mai–Okt.,
Sa 14–18, So 10–18 Uhr
zwischen Westen und Otersen über die Aller.
☎ (0 42 38) 17 62
www.otersen.de
Das Fährboot aus Eichenholz ist mit einem 6 PS Elektromotor ausgestattet. Die Energie hierfür wird ausschließlich mittels einer Photovoltaikanlage am Allerufer erzeugt.
Platz für 22 Personen mit Fahrrädern.

Diese älteste **Bockwindmühle** Niedersachsens von 1594 stand ursprünglich im Nachbarort Frankenfeld und wurde der Stadt Rethem zu ihrem 600. Geburtstag geschenkt. Heute ist sie das Wahrzeichen von Rethem.

Durch den **Londypark**, 2006 als Skulpturenpark neu angelegt, können wir auf Fuß- und Radwegen direkt am Wasser entlang zur Allerbrücke radeln und kommen am Ende an der ehemaligen Burg von Rethem vorbei. Leider ist von der **Burg** aus dem 13. Jh. hier nicht mehr viel vorhanden, aber die „neue" Burg nimmt architektonisch die Formen des historischen Gebäudes auf.

Hinter der Brücke folgen wir wieder dem Aller-Radweg, der uns weg von der Landstraße 209 auf ruhigen Wegen zu den landwirtschaftlich geprägten Ortschaften Groß- und Kleinhäuslingen und an einem alten sehenswerten Gutshof vorbeiführt. Das **Gut Klein Häuslingen** – das noch heute von einer alten Adelsfamilie bewohnt wird, ist wegen eines Pferdezucht- und Pensionsbetriebes überregional bekannt. Auch gehört diese Region zusammen mit den Orten Rethem und Dörverden wegen ihres hohen Spargelanbau-Anteils zur „Niedersächsischen Spargelstraße".

Unterwegs haben wir immer wieder weite Einblicke ins schöne **Allertal**. Die Aller gehört heute zu den „unberührteren" großen Flüssen und ist in unserem Tourenabschnitt besonders schön mäandernd. Nach stärkeren Regenfällen tritt sie oftmals über die Ufer und die ganze Aue erscheint dann als weite Seenlandschaft. Wir kommen an mehreren Alt- und Totarmen der Aller vorbei, die einen hohen ökologischen Wert haben und teilweise als Badeseen genutzt werden.

Hinter der Streusiedlung Ludwigslust kommen wir wieder auf die Hauptstraße und radeln durch den kleinen Ort **Otersen**, der neben der Solarfähre auch durch das Dorfladenprojekt „Use lüttje Dörpslaoden", einem von Bürgern betriebenen Laden, bekannt wurde. Hier gibt es auch einen Service-Point für Radler und ein Radler-Cafe, das wir unbedingt besuchen sollten, bevor es auf die **Solarfähre** nach Westen geht.

Die Aller-Überfahrt mit der Solarfähre ist ein

eigenes kleines „Event“: Fast geräuschlos gleiten wir von Ufer zu Ufer.

In hübschen Fachwerkort **Westen** kommen wir an der **St. Annen-Kirche** an, die wunderschön am Deich gelegen ist und uns durch ihren markanten Rundturm an eine Burg erinnert. Dieses einschiffige Gotteshaus ist romanischen Ursprungs, der Turm soll als Wehrturm gedient haben.

In unmittelbarer Nachbarschaft der Kirche steht das denkmalgeschützte **Amtshaus** von 1780. Ähnlich wie in Otersen sind hier Bürger aktiv geworden, um das soziale Leben im Dorf zu fördern. Seit 2006 gibt es hier das öffentlich geförderte Aller-Erlebnis-Zentrum, das von Gruppen und Vereinen als Heimatstube, für Kulturveranstaltungen und Ausstellungen genutzt wird. Auch das ansässige Mehrgenerationenhaus mit Angeboten wie einem Erzählcafé gehört zu den überregional bekannten Attraktionen. Interessant ist auch der neue „Erlebnispfad Aller“, der hier beginnt und auf 12 Informationstafeln in Westen und Hülsen die Besonderheiten der Natur- und Kulturlandschaft aufzeigt.

Nach unserem Besuch in Westen radeln wir vom Ortsausgang aus in Richtung Hiddinghausen, um auf direktem Wege zum Bahnhof nach **Dörverden** zu gelangen.

**St. Annen-Kirche**
Allerstraße 1
27313 Westen
☎ (04239) 3 38
25. April –3. Okt. tgl. von 8–18 Uhr geöffnet.
Sehenswerte romanische Kirche

**Pfeffermühle**
Große Str.68-70
27313 Dörverden
☎ (0 42 34) 93 13 0
Tgl. 11–14 und 18–22 Uhr
Gaststätte im ehemaligen Schulhaus mit Sommerterrasse, internationale und regionale Küche.

An der Aller bei Westen

**Museumsbahn und Rundwanderung**

**Start/Rückfahrt**
Bahnhof Syke
R5 alle 30 Min.ab Bremen Hbf
(Fahrzeit 13–21 Min.)

**Museumsbahn**
„Kaffkieker"
Syke – Bruchhausen-Vilsen
(Fahrzeit ca. 30 Min.), fährt jeden 1. und 3. So von Mai–3. Okt. 3 x tgl.
Infos unter:
✆ (0 42 52) 93 00 21
www.museumseisenbahn.de

**Rundwanderung**
ab Bruchhausen–Vilsen
9 km, ca. 2 Stunden (langsames Tempo)

**Anfahrt alternativ**
Bus 150 ab/bis Bremen Hbf/ZOB – Bruchhausen-Vilsen (68 Min.)
Mo–Sa 5 x, So 3 x tgl.

BRUCHHAUSEN-VILSEN

# Mit Volldampf zum Erholen

**Bruchhausen-Vilsen, der idyllische Luftkurort zwischen Bremen und Nienburg, ist heute unser Ausflugsziel. Nostalgisch ist die Anreise mit der Hoyaer Eisenbahn „Kaffkieker". An bestimmten Tagen können Eisenbahnfans dann noch weiter per Dampfzug nach Asendorf fahren. Unsere kleine Wanderung aber führt auf ruhigen Wegen von Bruchhausen-Vilsen zum schön gelegenen Heiligenberg.**

Die Bremer verbinden mit dem Namen Bruchhausen-Vilsen vor allem den bekannten Mineralwasserbetrieb VILSA-Brunnen. Tatsächlich hat der historische Markt-Flecken und die heutige Samtgemeinde, die seit über 30 Jahren Luftkurort ist, einige Attraktionen mehr zu bieten. Der gut erhaltene historische Ortskern Vilsen mit Läden und Gaststätten, der Kurpark mit einem im Grünen gelegenen Waldschwimmbad und die uralte romanische St. Cyriakus-Kirche aus dem 13. Jahrhundert sind einen Besuch wert.

Außergewöhnlich ist die Lage des Ortes, der sich am Rande der Hohen Geest des Weser-Aller-Urstromtales befindet. Durch starke Auswaschungen bildeten sich in der Eiszeit schluchtartige Erosionstäler, die heute als Hügel- und Tallandschaft besonders reizvoll zum Wandern sind.

Unseren Ausflug zum **Heiligenberg** starten wir vom Bahnhof Bruchhausen-Vilsen. Gleich auf dem Kreisel steht die erste Dampflok, „Bruchhausen", die – im Gegensatz zu der „Hoja" nicht mehr fahren kann und nun ein echtes Denkmal ist.

An der Bahnhofstraße mit der Ausschilderung in Richtung Kurzentrum und Ortskern biegen wir rechts ab und sehen schon von weitem den sehr spitzen Kirchturm von **St. Cyriakus**, eine „Modernisierung" aus dem 16. Jahrhundert.

Durch das schmale Gässchen „Lindenallee"

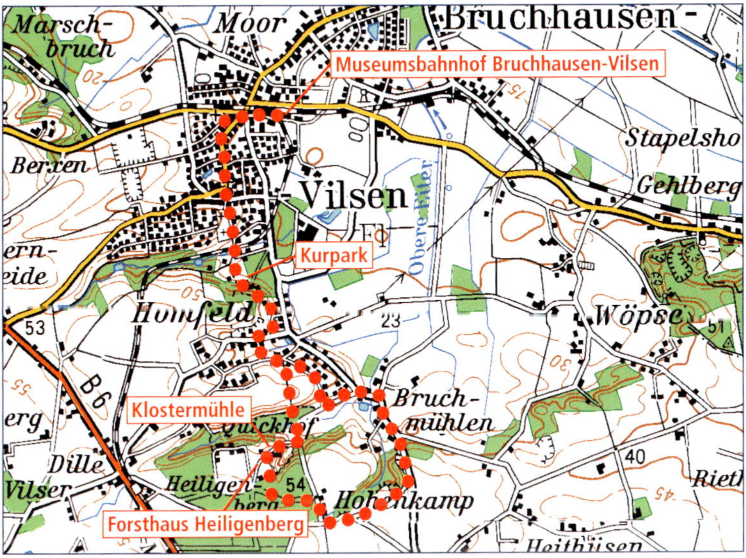


geht's an der Kirche hoch und weiter geradeaus am Friedhof vorbei. Hinter der Eisenbahntrasse am Bahnhof Wiehe kommen wir zum Freibad und schließlich durch den **Kurpark**, der in den Sommermonaten mit seinem alten Baumbestand nicht nur eine Oase der Erholung, sondern auch ein Ort für regelmäßige Konzertveranstaltungen ist.

Hinter dem Kurpark halten wir uns links, kommen an einer alten Fabrik vorbei und durchqueren den **Vilser Forst** und die „Birkenallee" des Örtchens Homfeld. Über die Hauptstraße hinweg folgen wir links versetzt einem schmalen, gepflasterten Weg durch eine Senke und treffen am Denkmal auf die Straße Homfeld, die wir überqueren. Anschließend nehmen wir den leicht rechts versetzt liegenden Wiesenweg zwischen den Häusern und wandern auf eine Anhöhe. Hier haben wir einen herrlichen Ausblick auf die umliegende Landschaft und auf Bruchhausen-Vilsen.

Im Wald angekommen, treffen wir auf eine Bohlentreppe, die hinunter zur Wassermühle **Heiligenberg** führt und von dort aus führt ein Fußweg rechts weiter zum Ringwall und zum Forsthaus Heiligenberg.

**Vilsa Brunnen**
Alte Drift 1
27305 Bruchhausen-Vilsen
☎ (0 42 52) 39 22 60
Besichtigungen Sept.–Apr. Di und Do,
Kein Eintritt
Gruppen müssen einen Termin vereinbaren

**Wiehe-Bad**
Am Bürgerpark 18
27305 Bruchhausen-Vilsen
☎ (0 42 52) 18 38
Mai–Aug. Mo–Fr 13–21 Uhr, Sa/So/Fei 9–19 Uhr, in den Ferien ab 10 Uhr
2,20 €, Kinder bis 17 Jahre 1,10 €
Familientageskarten 4 € (1 Erwachsener + 2 Kinder)
Schön gelegenes Freibad, im Winter Eisbahn

## Mekka für „Pufferküsser"

Dampflokromantik pur: zwischen Bruchhausen-Vilsen und Asendorf verkehrt im Sommer an bestimmen Tagen eine dampfbetriebene Schmalspurbahn. Die einfache Fahrt dauert 37 Minuten. Auch Fahrräder können mitgenommen werden. In Asendorf gibt es zudem eine umfangreiche Sammlung verschiedener Originalfahrzeuge zu sehen. Infos unter www.museumseisenbahn.de

Die noch in großen Teilen erhaltene historische Ringwallanlage des Heiligenbergs wurde wahrscheinlich im 8. Jh. zur Zeit Karls des Großen als Wall- oder Fliehburg zur besseren Verteidigung angelegt. Bei ihrer Errichtung nutzte man die natürliche Steilhanglage am Zusammenfluss der Bäche Eyter und Dille.

Erst Anfang des 13. Jhs. ist die große innere Fläche durch den Mönchsorden der Prämonstratenser mit der **Klosteranlage Heiligenberg** bebaut worden. Das Kloster wurde der Mutter Gottes geweiht und erwarb im Laufe der Zeit große umliegende land- und forstwirtschaftliche Güter und zwei Wassermühlen. Nach der Reformation im 16. Jh. ging das Kloster in Staatsbesitz über und verfiel. Die Steine wurden von der damaligen Gräfin Katharina zum Bau des Schlosses und heutigen Amtshofes in Bruchhausen verwendet. Heute zeugt nur noch ein großer Klosterstein am Hotel und Restaurant **Forsthaus Heiligenberg** von dieser frühen Geschichte.

**Forsthaus Heiligenberg**
Hotel-Restaurant
Heiligenberg 3
27305 Bruchhausen-Vilsen
☎ (0 42 52) 9 32 00
www.forsthaus-heiligenberg.de
Tgl. von 7–22 Uhr
Inmitten einer historischen Ringwallanlage mit großer Gartenanlage und Spielplatz, gehobene Küche, regionale Produkte wie „Diepholzer Moorschnucke".

Im Restaurant und Café **Klostermühle Heiligenberg** mit dem noch funktionierenden Wasserrad oder im Edellokal „Forsthaus Heiligenberg" lohnt es sich, eine kulinarische Pause einzulegen, bevor es auf unserer Wanderung weiter geht. Für Kinder ist dieser Ort besonders spannend, denn neben einem angelegten, großen Spielplatz ist die Senke unterhalb des Walls mit der Brücke über das Flüsschen „Obere Eyter" ein herrlich wilder Spielort.

Auf der Rückseite des Forsthauses geht's nun auf der gut erhaltenen hohen Ringwallanlage weiter, der inmitten eines hochgewachsenen Buchenwaldes steht. Es ist faszinierend zu sehen, wie die Baumwurzeln den Hang befestigen!

Wir gelangen an einem Waldspielplatz und Waldkindergarten vorbei auf die asphaltierte Bürgermeister-Ahlers-Straße, der wir links in Richtung Rutental/Bruchmühlen folgen. In Hohenkamp, auf der Straße „Am Rutental" biegen wir hinter dem Gasthaus „Ernies Rutental" den schmalen Rasenweg links ab und folgen der blauroten Wanderroutenmarkierung weiter auf einem stillen Waldweg durch das liebliche Tal nach Bruchmühlen.

An der Kreisstraße nehmen wir den Fuß-/Radweg nach Vilsen und 100 m hinter der Bruchmühler Wassermühle biegen wir links ab in die Straße „Heiligenberg". Nach 100 m halten wir uns wieder rechts. Die Straße „Heidberg" führt uns bergauf am Kriegerdenkmal vorbei zurück nach Vilsen.

**Klostermühle Heiligenberg**
(Klosterschänke, Gästezimmer, Galerie)
Heiligenberg 2
27305 Bruchhausen-Vilsen
☎ (0 42 52) 21 67
www.klostermuehle-heiligenberg.de
Okt.–April Mo–Mi, Fr–So ab 14 Uhr, Sa/So ab 12 Uhr
Übrige Zeiten tgl. ab 12 Uhr, Sa/So ab 10.30 Uhr
Österreichische Küche, selbstgemachter Kuchen, Biergarten

Klostermühle Heiligenberg

Freudenburg in Bassum
▸ Seite 80

# SÜDWEST

**Start**
Bahnhof Bassum
R5, ca. alle 30 Min. ab Bremen HBF (Fahrzeit 19–36 Min.)

**Länge**
5,5 km, Abstecher zum Tierpark etwa 2,5 km

**Dauer**
1½–2 Stunden (ohne Besichtigungen)

BASSUM

# Geschichte und Natur pur

**Das Städtchen Bassum liegt in der landschaftlich reizvollen Region der Wildeshauser Geest, 25 km südlich von Bremen. Auf einem Rundgang erhalten wir Einblicke in die 1150-jährige Geschichte eines adligen Damenstifts und wandern durch die Parkanlage der Freudenburg.**

Bassum, immerhin seit 1929 mit Stadtrechten ausgestattet, ist heute Kernstadt von 15 weiteren Ortschaften mit insgesamt 16.300 Einwohnern. Ausgangspunkt der Besiedlung war aber das Stift und später die Freudenburg. Wir starten vom Bahnhof aus in Richtung Innenstadt und brauchen uns nur an dem roten Pflasterband zu orientieren, das uns die leicht hügelige Bahnhofsstraße und Kirchstraße hinunterführt.

Von weitem schon sehen wir die Abtei vom **Stift Bassum** und die Stiftskirche. Der Heilige Ansgar, Erzbischof von Hamburg und Bremen, weihte 858 das Kanonissenstift Birxinon, das später Bassum genannt wurde. Mittelpunkt des Ensembles ist eine der ältesten Backsteinkirchen im norddeutschen Raum, ein Zeugnis spätromanischer Bauweise aus dem 13. Jh. In ihrem Altarraum können wir restaurierte Wand- und Fußbodenmalereien aus dem Historismus bewundern.

**Stiftskirche, Stift, Stifts-Wassermühle, Stiftseiche**
Stift 1–6
27211 Bassum
Besichtigungen und Führungen nach Absprache mit Frau Äbtissin Barbara von Wallenberg-Pachaly,
☎ (0 42 41) 25 32

Nach vorheriger Anmeldung führt die Äbtissin des ältesten evangelischen Damenstifts persönlich durch die **Abtei**. Dabei können auch wunderschön restaurierte Malereien aus der Rokokozeit, edles Mobiliar, Kachelöfen und Kunstschätze im Kapitelsaal betrachtet werden. Es lohnt sich! Nach Besichtigung der Innenräume gehen wir an den Stiftsgärten vorbei zur über 1000-jährigen Stifts-Gerichtseiche. Dieser prächtige Baum wird im Volksmund auch „Kaffeeeiche" genannt, da die Stiftsdamen nachmittags gerne in seinem Schatten verweilten.

Von nun an folgen wir entlang des Klosterbaches der Beschilderung des Kulturhistorischen

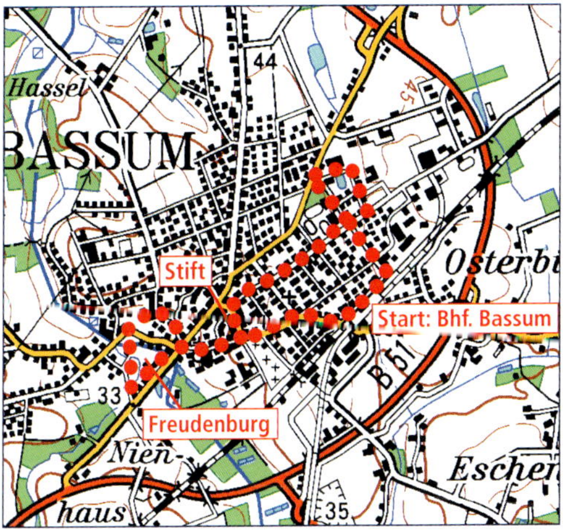


Pfads in Form von Lindenblättern. Die Beschilderung führt uns an der historischen Wassermühle des Stiftes vorbei auf einem romantischen Weg, der volkstümlich auch „Seufzerallee“ genannt wird.

Auf diesem Fußweg am Klosterbach entlang gelangen wir zum höher gelegenen burgartigen Anwesen der **Vogtei Freudenberg**. Die Freudenburg liegt in einem großen Landschaftspark (40 000 m²) mit altem Baumbestand und einer altgermanischen Thingstätte. Das von dem Grafen von Hoya (Otto III.) ursprünglich erbaute Gebäudeensemble besteht aus restauriertem Fachwerk und dient heute der Kreisvolkshochschule als Tagungsstätte. Im früheren Verlies der Freudenburg vermittelt eine Ausstellung des Kultur- und Heimatvereins die Entstehung der Stadt Bassum.

Den Lindenblatt-Markierungen folgend überqueren wir den Klosterbach und die Straße „Auf dem Damm“ und gelangen durch die kleine Gasse „Auf dem Brunnen“ zum Platz Unter den Linden. Hier befinden wir uns nun im ältesten Ortsteil Bassums, der sich nach dem Bau der Vogtei Freudenberg um 1290 entwickelt hat und Handwerk, Geschäfte, landwirtschaftliche Betriebe und sogar ein öffentliches Badehaus aufweisen konnte. Heute dominieren Wohnhäuser, viele davon sind

**Freudenburg**
Amtsfreiheit 1 a
27211 Bassum
☎ (0 42 41) 93 11-0
Besichtigungen und Führungen nach Absprache mit den GästeführerInnen der Stadt Bassum,
☎ (0 42 41) 13 49

Die Freudenburg in Bassum

neu gebaut. Nur die Linden erinnern an einen Ort, der einmal zentralere Bedeutung hatte. Übrigens trugen die zahlreichen Bäume Bassum einst den Beinamen „Lindenstadt“ ein.

Von hier aus folgen wir der Hindenburgstraße und gelangen - immer der Nase nach - vorbei am Stift zur verkehrsberuhigten Zone und Hauptgeschäftsstraße Sulinger Straßc. Hier gibt es kleine Läden und Gaststätten. Besonders die höher gelegene Jugendstil-Villa, das Burg-Cafe – auch liebevoll „Kneseburg“ genannt, ist sehr empfehlenswert.

Wer sich nach der Besichtigung dieser zahlreichen historischen Sehenswürdigkeiten sportlich betätigen, erfrischen oder erholen möchte, kann dieses sehr gut in dem am Stift gelegenen und neu umgestalteten **Natur- und Freizeitbad** tun.

Auf dem Rückweg zum Bahnhof lohnt auch ein Abstecher zum kleinen und liebevoll angelegten **Natur- und Tierpark Petermoor**, den wir in 10–15 Minuten vom Zentrum aus auf der Alten Poststraße in Richtung Syke erreichen. Bei freiem Eintritt können wir auf einem Rundgang durch diesen ganzjährig geöffneten Tierpark einheimische und exotische Tiere sehen, darunter Affen und Papageien.

**Natur- und Freizeitbad**
Stift (Parkplatz Bremer Straße)
27211 Bassum
☎ (0 42 41) 97 96 45
Mai–Aug. tgl. 11–20 Uhr

**Burg-Café („Kneseburg“)**
Sulinger Str. 19
27211 Bassum
☎ (0 42 41) 92 22 55
So–Fr 9–18, Sa 14–18 Uhr
Jugendstilhaus mit schöner Aussicht und Terrasse; leckere Torten, kleine Gerichte und Salate

**Natur- und Tierpark Petermoor**
Am Petermoor
27211 Bassum
☎ (0 42 41) 54 66
Ganzjährig tgl. geöffnet
Eintritt frei

TWISTRINGEN

# Stroh-Geschichte(n)

**Bei einem Ausflug ins Städtchen Twistringen sollte man sich das Strohmuseum anschauen. Und weiter zur außerhalb des Ortes im Grünen gelegenen Hünenburg spazieren.**

Seit Jahrhunderten schon ist Twistringen für Strohverarbeitung bekannt. Das **Museum der Strohverarbeitung** dokumentiert diese Geschichte von ihren Anfängen bis in die Gegenwart.

Um dorthin zu gelangen, verlassen wir den Bahnhof rechts haltend auf der Straße Am Bahnhof, die bald zur Bahnhofstraße wird. Wir folgen dieser bis zur rechts abzweigenden kleinen Straße Am Kirchhof, in die wir einbiegen. Dort steht die **St-Anna-Kirche**. Ihren mächtigen Turm, Wahrzeichen von Twistringen, konnten wir schon von weitem sehen. Wir setzen unseren Weg auf der Gasse fort, bis wir zur Großen Straße kommen. Hier halten wir uns rechts bis zur nächsten Kreuzung. Dort biegen wir links in die Harpstedter Straße ein. Die dritte Querstraße links ist der Kapellenweg. Das Museum befindet sich gleich auf der rechten Straßenseite.

Neugierig treten wir ein. Hier erfahren wir, dass zeitweise ein Drittel der Twistringer Bevölkerung in diesem Industriezweig arbeitete. In einer Dauerausstellung werden hier hergestellte Strohprodukte gezeigt, wie Strohhalme, Strohhüte und Malotten (Ummantelungen für Weinflaschen).

Nach dem Museumsbesuch bietet sich ein Blick auf die **Delmequelle** an, die sich in unmittelbarer Nähe befindet. Wer Lust hat, kann sich noch eine andere Sehenswürdigkeit anschauen: die außerhalb des Ortsteils Scharrendorf liegende **Hünenburg**, eine alte Ringwallanlage, die auf 500–900 n. Chr. geschätzt wird. Der schönere Weg dorthin führt uns zurück über die Bahnhofstraße geradeaus weiter über die Sulinger und Stöttinghauser Straße, bis wir an die Abzweigung Zur Hünenburg gelangen. Hier biegen wir links ein und sehen schon bald das rekonstruierte Tor der Anlage.

**Museum und Rundgang**

**Start**
Bahnhof Twistringen
R5 ca. alle 30 Min. ab Bremen Hbf
(Fahrzeit 29–46 Min.)

**Ziel**
Strohmuseum
Hünenburg

**Länge**
2 km (einfach),
mit Tour zurHünenburg plus 2,8 km (einfach)

**Dauer**
Vom Bahnhof bis zum Museum ca. 30 Min., Tour zu Hünenburg plus ca. 40 Min.

**Museum der Strohverarbeitung**
Kapellenweg 2
27239 Twistringen
☎ (0 42 43) 44 92
www.strohmuseum.twistringen.de
Sa/So 14–17.30 Uhr (So nur Mai bis Sept.), Führungen für Gruppen an Werktagen
2 €, ermäßigt 1 €, bis 16 Jahre frei

**Start**
Bahnhof Diepholz
R5 alle 60 Min. ab Bremen Hbf
(41 Min. Fahrzeit)

**Ziel**
Diepholzer Moorlandschaft
Barnstorfer Umwelt-Erlebnis-Zentrum

**Länge**
33,5 km, 32 km ohne Besuch in Aschen

**Dauer**
3½ Stunden (langsames Tempo, ohne Besichtigungen)

**Rückfahrt**
Bahnhof Barnstorf
R5, alle 60 Min.
(36 Min. Fahrzeit)

DIEPHOLZ – BARNSTORF

# Mit Grafen auf Tour

**Von der Grafschaft Diepholz unternehmen wir auf den Spuren der alten Grafen auf landschaftlich reizvollen Wegen eine Radtour durch die Diepholzer Moorlandschaft entlang der Hunte bis zum Barnstorfer Umwelt-Erlebnis-Zentrum.**

In der Kreisstadt Diepholz angekommen, wenden wir uns, vom Bahnhof aus gesehen, nach dem Kreisel nach links in die Straße „An der Bahn", da wir uns die Highlights von Diepholz nicht entgehen lassen wollen. An der nächsten Kreuzung halten wir uns rechts und entdecken am Straßenschild „Am Weizenkamp" die rot-gelbe Radroutenausschilderung „Grafentour", der wir jetzt weiter folgen.

Wir radeln am Burggraben entlang, in dessen Mitte die als **Wasserschloss** erbaute prächtige Residenz der früheren Edelherren de Thefholte aus dem 10./11. Jahrhundert steht. Als 1585 das Grafengeschlecht ausstarb, bildete Diepholz zusammen mit Hoya im 18. und 19. Jahrhundert eine Provinz des späteren Königreichs Hannover. Die Anlage wurde Sitz des Amtsgerichtes. Auf dem 43 m hohen Schlossturm ist das Diepholzer **Heimatmuseum** untergebracht. Es lohnt sich, die 133 Stufen des liebevoll restaurierten Turms hochzuklettern – schon wegen der herrlichen Aussicht auf die Stadt und ihre Umgebung. Zudem bekommt man auf 7 Etagen des Turms Ansichten aus dem alten Diepholz, historische Ausstellungsstücke zum Torfabbau, zur Gänsezucht der „Diepholzer Gans" und zum Münzwesen zu sehen.

**Museum im Schlossturm**
Rathausmarkt 1
49356 Diepholz
☎ (0 54 41) 45 73 (Burckhard Bode) und (0 54 41) 92 70 08 (Wilfried Krüger)
Jeden 1. Sa im Monat von Apr.–Okt. 14.30–16.30 Uhr
Sonderführungen für Gruppen nach Vereinbarung

Unabhängig davon kann man sich im Schlossgarten an einem **Stelenpfad** über die Geschichte der Stadt Diepholz informieren.

Die Stadtentwicklung von Diepholz wurde stark von Gräben, Kanälen und Flüssen beeinflusst, die dem Ort ihre Form gaben. Durch die Verzweigung der Lohne in Vorderlohne und Mühlkanal entstand die "Lohneinsel" mit der **Lohnstraße**, an der

aneinandergereiht gut erhaltene, giebelständige Fachwerkhäuser und das sehenswerte, ehemalige **Tuchmacherhaus** stehen.

Gegenüber vom Schloss, auf der Lohninsel, liegt auch die schön restaurierte ehemalige, gräfliche Münzstätte, die „Münte" in einem idyllischen Park mit modernen Freizeitanlagen. Leider steht das Gebäude inzwischen leer. Im 15./16. Jahrhundert wurden hier Münzen mit dem Wappen der Grafen von Diepholz geprägt.

**Tuchmacherhaus**
Lohnstraße 2
49356 Diepholz
Sa/So 14– 20 Uhr
Wechselnde Ausstellungen
und Veranstaltungen

Hinter der Lohnstraße vereinigen sich Vorderlohne und Mühlkanal und münden später in die Hunte. Wir fahren von der Mühlenstraße aus nach links weiter in die Langestraße, die Geschäfts- und Fußgängerzone mit vielen Cafés und Gaststätten. Geradeaus gelangen wir über die breite Hindenburg- und Mollerstraße hinweg zur ältesten Straße von Diepholz, **Kohlhöfen,** mit gut erhaltenen Fachwerkhäusern.

Am Scheurenkamp geht's links ab und wir radeln weiter entlang unserer Grafenroute über die Hunte zum Diepholzer Ortsrand. Am idyllischen Diepholzer Moor entlang fahren wir am **Rittergut Falkenhardt** vorbei, das immer noch von einem Freiherrn bewohnt wird. In **Aschen** lohnt es sich, das weitläufige Heimatmuseum mit wiederaufgebauten historischen Gebäuden zu besuchen und in der Nähe eine Pause in einer beliebten Gaststätte einzulegen.

**Heimathaus Aschen**
Aschen 168
49365 Diepholz-Aschen
Apr.–Sept. jeden 2. So
14–20 Uhr, Eintritt frei
Historisches landwirtschaftliches Großgerät, Werkstätten, Haushaltsgerätschaften

In der Ortschaft **Drebber-Mariendrebber** kommen wir an der **Marienkirche** aus dem 12. Jahrhundert vorbei, in der 1585 Graf Friedrich II., der letzte Graf von Diepholz, in einem prächtigen Sarkophag bestattet wurde. Überregional bekannt ist die Kirche auch wegen der kostbaren Orgel, die von Berend Huß, dem Onkel des berühmten Orgelbauers Arp Schnittger, komplett umgebaut wurde.

**Marienkirche**
Marienstraße 1
49457 Drebber
☎ (0 54 45) 5 69, Pfarramt
Marienstraße 3
Wegen der Kostbarkeiten ist die Kirche nicht immer geöffnet; Besichtigung nach Absprache

Bei Deckau überqueren wir die Hunte und passieren nun die Eisenbahn in einem größeren Schlenker. Hier müssen wir gut auf die Radroutenausschilderung aufpassen! Weiter entlang der weitläufigen Moor- und Auenlandschaft queren wir wenig später wieder die Hunte und erreichen hinter Wald- und Ackerflächen bald die Gemeinde **Barnstorf**.

**Landhaus Milbe**
Aschener Straße 58
49356 Diepholz-Aschen
☎ (0 54 41) 22 77
Mo 16–22, Mi–Fr 9–13 und 16–22 Uhr, Sa 9.30–13, 16.30–22 Uhr, So 10–13 und 16.30–22 Uhr
Historisches Ambiente mit Biergarten und altdeutscher Küche

Vorbei an der uralten, spätromanischen Kirche **St. Veit** und am hübsch sanierten **Heimat- und Kulturhaus Meyer-Köster**, das neben der Heimatgeschichte auch wechselnde Kunstausstellungen präsentiert, radeln wir weiter geradeaus in Richtung **Barnstorfer Umwelt-Erlebnis-Zentrum**. Auf der Bremer Straße/B51 entlang folgen wir den Hinweisen und der Ortsausschilderung in Richtung Drentwede/Twistringen. Nach etwa 2,5 km biegen wir links ab und können durch das geöffnete Tor eintreten. Bis vor kurzen noch vom NABU betreut, wird das Umwelt-Erlebnis-Zentrum nun von der Gemeinde Barnstorf betrieben. Mit einer alten Torfbahn können hier Besucher das ca. 6 ha große Gelände einer ehemaligen Erdgasreinigungsanlage erkunden, das von einer Industriefläche in ein Natur- und Erholungsgebiet umgewandelt wurde. Am Bahnhof soll zukünftig ein Café für Entspannung und Erfrischung sorgen.

Im Umwelt-Erlebnis-Zentrum können wir vieles über regenerative Energie erfahren, denn hier stehen zwei Windräder und die zur Zeit größte Photovoltaikanlage Norddeutschlands. Auf dem riesigen Freigelände und dem Wassererlebnispfad lernen wir weiterhin die Stationen des Wasserkreislaufs kennen, entdecken welches Leben in Tümpeln, Gärten und Waldrändern wohnt und was sich in den Bienenstöcken tut.

Nach so vielen spannenden Erlebnissen radeln wir auf der B 51 zurück in die Ortsmitte von Barnstorf, wo sich auch der Bahnhof befindet.

**Barnstorfer Umwelt-Erlebnis-Zentrum**
Am Bremer Dreh 1
49406 Barnstorf
☎ (0 54 42) 99 10 77
Di–Fr 9–12, 14 –17 Uhr, Mai–Okt. zusätzl. Sa 9–18 Uhr, Eintritt frei
Gruppenführung ab 15 €/Stunde

Blick über die Diepholzer Innenstadt

**Start**
Bahnhof Steinfeld
(nicht im VBN)
NordWestBahn, alle
45–60 Min. ab Bremen
Hbf ( Fahrzeit 85 Min.)

**Fahrradmitnahme**
NordWestBahn
▸ Seite 7

**Ziele**
Dammer Berge
Dümmer See

**Länge**
ca. 36 km

**Dauer**
4 Stunden (langsames Tempo, ohne Besichtigungen und Pausen)

**Rückfahrt**
Bahnhof Lemförde
R5 alle 60 Min. nach Bremen-Hbf
(Fahrzeit 52 Min. )

STEINFELD – DÜMMER

# Durch die Dammer Berge zum Dümmer See

**Auf dieser ganztägigen Radtour in der hügeligen Geestlandschaft des Oldenburger Münsterlandes können wir sowohl Berge als auch reichlich Wasser erleben. Dabei kommen wir durch das Pferde-Städtchen Steinfeld, die waldreichen Dammer Berge und den Mittelpunkt des Naturparks Dümmer, den Dümmer See, der uns zum Baden und Erholen einlädt.**

Der kleine Bahnhof von **Steinfeld** liegt etwas am Rand der Gemeinde und wir müssen uns auf der B 214 links in Richtung Zentrum halten. An der zweiten großen Tankstelle biegen wir rechts ab in Richtung Ortsmitte. Nach weiteren 300 Metern geht es erneut rechts und wir befinden uns auf der **Boxenstopproute**, einer regionalen Radroute, die uns auch Hinweise zu Rast-, Verkaufs- und Erlebnisstationen gibt. Von jetzt an folgen wir den gelb-grünen Hinweisschildern, die uns nach Steinfeld hinein führen.

Vom Ortseingang mit dem „Dicken Stein" – ein riesiger Findling aus der umgebenden „Schemder Bergmark" und Wahrzeichen von Steinfeld – radeln wir nun auf der Großen Straße direkt zur **Kirche St. Johannes** und zum **Rathausplatz**. Auf dem Parkplatz mit dem modernen Rathaus im Hintergrund stand einst eine Kirche mit einem Friedhof aus dem 12. Jh., die später wegen Baufälligkeit abgerissen wurde. Nur eine prächtige, fast 200 Jahre alte Platane ist noch vom ehemaligen Friedhof stehen geblieben. Sehr sehenswert ist die „neue" Kirche, die Ende des 19. Jhs. als dreischiffiger, neugotischer Backsteinbau gebaut wurde. Im Inneren von St. Johannes wurde vor einigen Jahren als Altarbild eine große holzgeschnitzte Nachbildung von Leonardo da Vincis berühmtem „Abendmahl" aufgestellt. Dieses eindrucksvolle Monument mit Figuren von 1,20 m Höhe konnte

**Kirche St. Johannes**
Pastor-Schlichting-Str. 4
49439 Steinfeld
☎ (0 54 92) 37 10
Immer geöffnet bis zum Anbruch der Dunkelheit

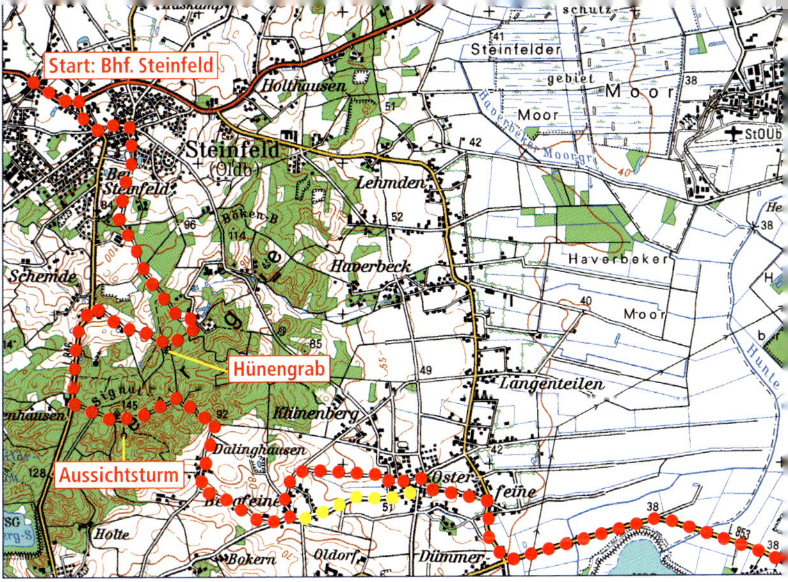


aus dem Nachlass einer gläubigen Seelsorgehelferin finanziert werden....

Wenn man zwischen Mai und Oktober nach Steinfeld kommt, wird man in der „Pferdestraße“ bunt-fröhlich von lebensgroßen **Pferdeplastiken** empfangen, die als Wegweiser im Ort auf die Sehenswürdigkeiten hinweisen. Diese PR-Aktion weist auf die enge Verbundenheit des Ortes mit Pferden und der Reiterei hin. Besonders im Ortsteil Mühlen hat das Reiten durch die Ansässigkeit der früheren Olympiasieger Alwin und Paul Schockemühle eine große Bekanntheit bekommen.

## Durch Berg und Tal

Über das Kopfsteinpflaster der Ziegelstraße geht's nun erstmal bergauf nach Süden in Richtung Dammer Berge. Vorbei am Ziegelteich mit der alten Steinmühle strampeln wir vom Ortsrand aus die Straße zur „Schemder Bergmark“ hoch. Nun gelangen wir immer weiter in den Wald. Wenn wir das Erholungszentrum **Schemder Bergmark** und das Hotel Töwerland erreicht haben, ist die längste Strecke bergauf geschafft.

Weiter auf unserer Boxenstopproute geht es nun durch den Wald leicht bergab. Vorbei am gut sichtbaren, auf halber Waldstrecke liegenden **Hünengrab Stappenberg**, geht es an der Landstraße

**Hotel Töwerland**
Zur Schemder
Bergmark 20
49439 Steinfeld
☎ (0 54 92) 8 90
www.hotel-toewerland.de
Schnuckenspezialitäten
und „Räubergerichte“

Hünengrab Stappenberg

L 846 ein letzes längeres Stück bergauf bis zum **Schweizer Haus**. Dieses schöne Gebäude von 1888 liegt romantisch im Wald „Hexenbusch" und ist ein beliebtes Ausflugslokal mit großem Abenteuerspielplatz. Hier entlang erstreckt sich auch ein umfangreiches Netz an Wander-, Reit- und Nordic-Walking-Wegen in die „Dammer Schweiz", wie die **Dammer Berge** auch heißen. Entstanden aus einer eiszeitlichen Moräne aus Sand, Kies und Geröllen mit tief eingeschnittenen Erosionstälern und hohen Kuppen erstrecken sie sich gen Norden als letzte höhere Hügel, bevor die Norddeutsche Tiefebene beginnt. Wir radeln weiter durch wunderschönen Buchenwald zum Signalberg, der mit 146 m die höchste Erhebung ist und besuchen den geheimnisvollen **Mordkuhlenberg**, der immerhin 142 m hoch ist. Hier sollen nach einer Sage früher Räuber ihr Unwesen getrieben haben.

## Sage vom Mordkuhlenberg

Einst machten vier raue Gesellen die Gegend um den Mordkuhlenberg unsicher. Die Räuber nahmen die arme Magd Maria Anna Wieferich gefangen und entführten sie in ihre geheime Höhle auf dem Mordkuhlenberg. Viele Jahre hindurch musste sie ihnen dienen. Maria Anna Wieferich bat aber immer wieder, doch einmal nach Damme zur Weihnachtsmesse gehen zu dürfen. Schließlich erlaubten es die Räuber ihr, nachdem sie versprochen hatte, keinem Menschen etwas von ihrem Aufenthaltsort zu sagen. Maria Anna Wieferich hielt sich an das Versprechen, klagte jedoch der Kirchenmauer ihr Leid.

„Kirchenmauer, dir klage ich: Ich heiße Maria Anna Wieferich. Ich nehme Erbsen in die Hand und streu sie übers Land und Sand. Ein ganzes Häufchen soll euch künden, allwo die arme Magd zu finden." Dabei wurde sie gehört. Die Dammer folgten der Erbsenspur und fanden die Räuber in ihrem Versteck. Sie überwältigten sie, befreiten das Mädchen und stellten die Räuber vor Gericht, wo sie abgeurteilt wurden.

Einen hervorragenden Überblick über die Wälder und Hügel bietet der ganzjährig geöffnete, hölzerne **Aussichtsturm** auf dem Mordkuhlenberg, zu dem wir auf verschlungenen Waldwegen hinauflaufen. Wir haben in 22 m Höhe einen herrlichen Blick über die Dammer Berge und auf den Naturpark Dümmer mit dem Dümmer-See, dem Oppweher Moor, dem Stemweder Berg bis zum Kamm des Wiehengebirges.

Von hier aus geht's auf gut befahrbaren Wegen weiter. Wir verlassen bald den Wald und radeln auf romantischen Alleen zu den nächsten bewohnten Siedlungen. In Bergfeine müssen wir aufpassen, dass wir den Hinweis der Boxenroutenausschilderung nach links nicht verpassen, denn der schönere, wenn auch längere Weg führt auf der alten Landstraße entlang alter Höfe mit prächtigen Eichen in Richtung **Osterfeine**. Aber

**Schweizerhaus**
Steinfelder Straße 75
49401 Damme
☎ (0 54 91) 97 72 22
Di–Sa 17–22, Uhr
So/Fei 11–22 Uhr
Traditionsreiches Ausflugslokal

**Abenteuerspieleland**
Outdoorspielplatz
(am Schweizerhaus)
Mo–Fr 11 - 18.30 Uhr
Sa/So/Fei 10–18.30 Uhr
Erwachsene und Kleinkinder bis 2 Jahre frei
Kinder bis 16 Jahre 3 €

Abendstimmung am Dümmer See

auch wenn wir geradeaus weiter fahren, kommen wir an der großen Kirche St. Mariä Himmelfahrt vorbei, einem Backsteinbau in neugotischem Stil. Nun wird's immer flacher und wir nähern uns der Geestkante und dem Osterfeiner Moor. An der Kreuzung der Kreisstraße 271 finden wir die **„Meerweg"**-Radroutenausschilderung, der wir von jetzt an in Richtung Dümmer weiter folgen.

## Immer am Dümmer entlang

Bei Dümmerlohausen biegen wir scharf links ab und radeln jetzt immer geradeaus parallel an der Küstenlinie des Dümmer Sees. Nach knapp 3 km überqueren wir die Hunte. Kaum zu glauben, dass dieser kleine Fluss diesen riesigen See speist! 16 km² ist der Dümmer See groß, aber nur 1–1,5 m tief! Als Niedersachsens zweitgrößtes und fischreiches Binnengewässer ist er - eingebettet in ein weiträumiges Niedermoor - ein wichtiges Feuchtgebiet mit hoher ökologischer Bedeutung. Viele seltene und vom Aussterben bedrohte Vogelarten wie Kiebitze, Weißstörche und sogar Graue Kraniche können wir hier beim Brüten antreffen. Auch im Winterhalbjahr sind rastende Wasservögel aus Nord- und Osteuropa in großer Anzahl hier zu Gast.

Der Dümmer ist auch ein sehr beliebtes **Freizeit- und Erholungsgebiet**. So kann man hier in der warmen Jahreszeit wunderbar schwimmen, segeln, surfen, rudern, paddeln, und angeln. Im Winter sind Aktivitäten wie Eissegeln und Schlittschuhlaufen möglich.

Wir steuern nach unserer Radtour das Ostufer und den Strand vom Erholungsort **Lembruch** an. Herrlich ist hier der weiße, gut gepflegte Sandstrand. Im nahen kleinen Park unter Bäumen lässt es sich gut picknicken. In einem der Imbisse

**Dümmermuseum Lembruch**
Rönnekers Hof 15a
49459 Lembruch
☎ (0 54 47) 3 41
Mitte März –Okt. Di–So 10–18 Uhr
Nov.–Mitte März So 12–16 Uhr
2,50 € , Kinder 1,50 €

**Dümmerhotel Strandlust**
Seestraße 51
49459 Lembruch
☎ (0 54 47) 9 93 30
www.duemmerhotel.de
Apr.–Okt. tägl. 9–22 Uhr
Nov.–März Mo, Mi–So 10–21.30 Uhr
Von Brunch bis Abendessen; regionale Speisekarte mit Schnuckenspezialitäten und Fisch

oder Lokale an der „Küste“ findet man bestimmt auch das Richtige zum deftigen Fischessen oder Kaffee trinken. Besonders schön kann man auf der Terrasse der „Strandlust“ sitzen. Sogar ein kleines **Dümmermuseum** gibt es hier, das Kulturinteressierten Ausgrabungsstücke von frühen Besiedlungen am See und ein Großmodell des Steinzeitdorfes „Hunte I“ zeigt.

Nach unserer Pause machen wir uns auf, die letzte Etappe nach Lemförde anzusteuern. Wir bleiben dabei weiter auf dem „Meerweg“ und radeln immer parallel entlang des Dümmers auf der Ostseite weiter. Hinter Marl müssen wir die B51 und die Eisenbahn überqueren, kommen an Baumreihen und schönen Höfen in Hagewede vorbei und erreichen durch Nebenstraßen die Ortsmitte von **Lemförde.** Wir passieren hübsche Fachwerkhäuser und den **Amtshof**, die frühere Burg und Sommerresidenz des Grafen von Diepholz, der heute die Bücherei, Veranstaltungsräume und ein Restaurant beherbergt. Geradeaus geht es nun zum Bahnhof.

**Freizeit-Hallenbad Dümmer**
Im Dorfe 19
49448 Hüde
☎ (0 5 43) 85 63
Di/Do 8–20 Uhr, Mi/Fr 8–21 Uhr, Sa/So 8–18 Uhr
3,20 € , Kinder 1,60 € , Familien 7,50 € (2 Erwachsene, 3 Kinder)

**Landhaus Götker/ Haus am See**
Tiemanns Hof 1
49459 Lembruch
☎ (0 54 47) 12 57
www.landhaus-goetker.de
Gehobene Speisekarte, regionale Spezialitäten wie Moorschnuckengerichte

Am Dümmerstrand

Radtour und Rundwanderung

**Start/Rückfahrt**
Bahnhof Bassum
R5, ca. alle 30 Min. ab Bremen Hbf (Fahrzeit 19–36 Min.)

**Ziele**
Harpstedt
Klein Amerika

**Länge Radtour**
30 km (hin und zurück)

**Dauer Radtour**
3 Stunden
(ohne Wanderung)

**Länge Wanderung**
ab Harpstedt: 7 km, verlängerte Rundroute bis Horstedt zusätzlich ca. 5,5 km

**Alternative Anfahrt**
Museumsbahn „Jan Harpstedt" ab/bis Delmenhorst-Süd (Grüne Straße) bis Harpstedt (Fahrzeit ca. 1 Stunde), fährt an festen Tagen, Fahrplan unter:
www.jan-harpstedt.de
☎ (0 42 44) 23 80

HARPSTEDT

# Über den Ozean nach Klein-Amerika

**Mit dem Rad fahren wir von Bassum durch die Wildeshauser Geest nach Harpstedt. Alternativ können wir auch mit der historischen Kleinbahn „Jan Harpstedt" von Delmenhorst anreisen, jedenfalls an bestimmten Tagen. In jedem Fall wollen wir von Harpstedt aus Amerika entdecken – Klein-Amerika.**

Vom Bassumer Bahnhof starten wir bergab ins Zentrum und biegen vor der Stiftskirche rechts ab in die Lange Straße, der wir immer weiter geradeaus über die Bremer Straße hinweg folgen. Von hier aus gelangen wir durch eine reizvolle, mit vielen Bächen durchzogene Geestlandschaft in den idyllischen Flecken Harpstedt (ca. 15 km).

Dort angekommen, fahren wir die Hauptstraße, die hinter der Kreuzung mit der Delmenhorster Landstraße „Amtsfreiheit" heißt, in Richtung Ortsmitte. Nach etwa 800 Metern sehen wir auch schon das Mühlrad der alten, leider nicht mehr betriebsfähigen **Wassermühle** von 1712 auf der rechten Seite der Straße, die heute zum Café und Restaurant „Zur Wasserburg" gehört.

**Zur Wasserburg**
Amtsfreiheit 4
27243 Harpstedt
☎ (0 42 44) 9 38 20
www.zur-wasserburg.de
tgl. 6–23 Uhr
Hotelrestaurant, regionale Spezialitäten, Gartenterrasse, Leihräder.

Gegenüber befindet sich die Wallanlage des ehemaligen Schlosses und heutigen **Amtshofs** mit Sitz der Samtgemeindeverwaltung Harpstedt. Der große Wassergraben mit Springbrunnen, in dem sich Enten und Schwäne tummeln ist Teil einer repräsentativen Parkanlage, in der man über Brücken und kleine Wege spazieren gehen kann. Der Fachwerkbau des Amthofs wurde 1744 auf den Fundamenten des abgebrannten Wasserschlosses von den Delmenhorster Grafen neu errichtet.

Besonders stolz sind die Harpstedter auf ihren Fund, den **Sonnenstein**, der am Amtshof ausgestellt wurde und mit seinen konzentrisch angeordneten Kreisen zu den bronzezeitliche Sonnenkultsteinen zählen soll. Auch andere vorge-

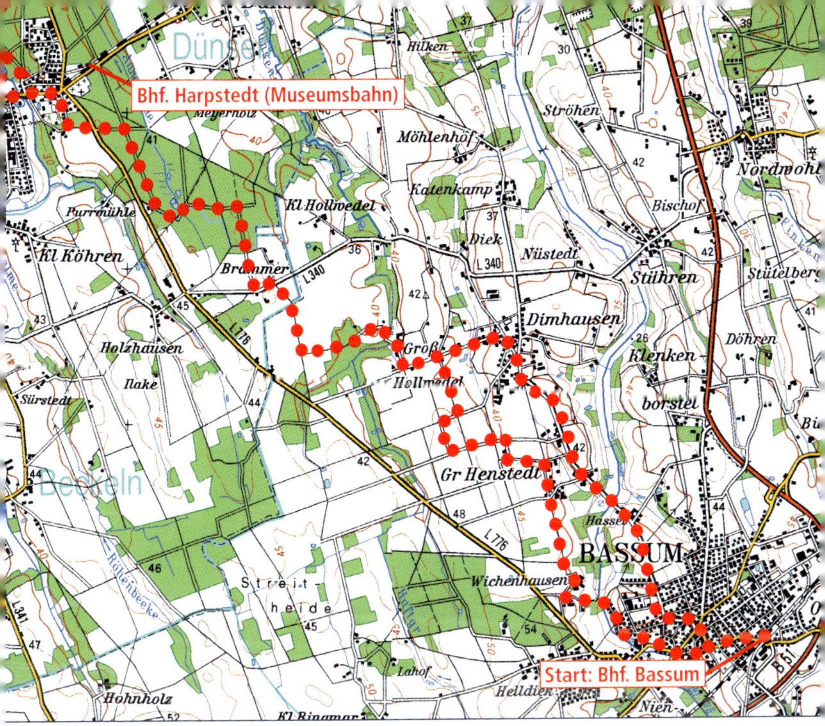


schichtliche Funde und Großsteingräber sind in der Nähe Harpstedts gefunden worden.

Wir heben uns die Besichtigungen für später auf und biegen jetzt an der Einfahrt des Parkplatzes zum Restaurant „Zur Wasserburg“ rechts ab. Am Ende des Parkplatzes geht's zum Wald „Amtsheide“ und hier finden wir unseren Wanderwegeinstieg mit einer Erläuterungstafel des BUND, der unsere gesamte Route mit Hinweisen zur Natur ausgeschildert hat.

Wir queren eine kleine Brücke und wandern – gut abgefedert vom weichen Moos und Erdboden – durch den Wald immer am naturnahen Fluss **Delme** entlang. Die Delme hat insgesamt eine Länge von 45 km und fließt von Twistringen über Harpstedt, durch Delmenhorst bis in die Ochtum. Auf Ihrer Fließstrecke überwindet die Delme einen Höhenunterschied von nahezu 50 m – das ist für norddeutsche Verhältnisse ziemlich viel. Und so kommt es, dass der Fluss in manchen Abschnitten mehr an einen munter sprudelnden Mittelgebirgs-

**„Jan Harpstedt“**
Seit über 30 Jahren fährt die touristische Kleinbahn zwischen Delmenhorst und Harpstedt mit Zügen, die in den 50/60er Jahren für die ländliche Region Norddeutschland typisch waren, wie Dampflokomotiven, Dieselloks und Triebwagen. Neben dem festen Fahrplan kann die Kleinbahn „Jan Harpstedt“ auch für Gruppen ab 30 Personen nach individuellem Fahrplan gebucht werden.
Delmenhorst-Harpstedter Eisenbahn (DHE)
✆ (0 42 44) 9 35 50 oder
www.jan-harpstedt.de,
✆ (0 42 44) 23 80

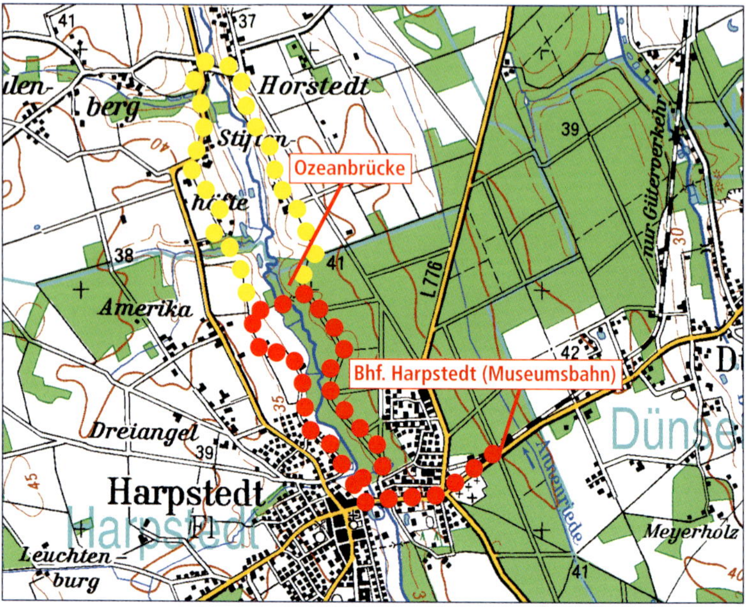


**Christuskirche**
Kirchstraße
27243 Harpstedt
☎ (0 42 44) 4 52
Do 10–12 und 17–18 Uhr
So 13.30–17 Uhr
Barocke Kirche mit schönem Kanzelaltar

**Windmühle Harpstedt**
Freistraße 13
27243 Harpstedt
☎ (0 42 44) 4 40
Mo–Fr 7.30–18 Uhr
Der Galerieholländer von 1870/71 wird von einem Müller bewirtschaftet, Verkauf von frisch gemahlenem Mehl, Besichtigung nur von außen möglich

bach als einen trägen Tieflandfluss erinnert. Das Flüsschen schlängelt sich durch Erlenwälder und Röhricht, Wiesen, Hochstaudenfluren und Weidengebüsche. Diesem naturnahen Abschnitt der Delme wird große Bedeutung beigemessen, denn mit der „Gemeinen Bachmuschel“ kommt hier eine seltene Muschelart vor.

Unterwegs treffen wir nach etwa 2,5 km auf die 1960 gebaute **Ozeanbrücke**, eine 175 m lange Holzbrücke über die Delme. Sie führt – wie könnte es anders sein – nach **Klein Amerika**. Die Namensgebung ist zurückzuführen auf Harpstedter Amerika-Auswanderer, die um die Jahrhundertwende wieder zurückkehrten und ein Gasthaus mit dem Namen „Klein Amerika“ eröffneten. Das existiert heute leider nicht mehr.

Von Ost nach West verläuft hier auch der Fernradweg Osnabrück – Bremen, aber wir bewegen uns hinter der Brücke auf unserer **kleinen Route** nun wieder in Richtung Harpstedt zurück - bis zum Ortsrand und der Straße „Goseride“. Von dort gelangen wir zum „Moorweg“ der uns ab der

Kläranlage als Fußweg wieder in Richtung Delme und zu unserem Ausgangspunkt führt.

Wer die längere Strecke (**Alternativroute**) erwandern oder per Rad entdecken möchte, sollte hinter der Ozeanbrücke rechts in Richtung Stiftenhöfte und Horstedt weiter laufen oder fahren und dann die Brücke vor Horstedt überqueren. Von da aus geht's wieder entlang der Delme zurück bis zum Anfang unserer Tour.

Es lohnt auch, sich den alten Ortskern von Harpstedt anzuschauen. 1739 durch einen verheerenden Großbrand völlig niedergebrannt, wurde das Dorf anschließend großzügig, nach barockem Vorbild wieder aufgebaut. Deshalb gibt es heute rechtwinklige, für ein Dorf recht breite Straßen. Sehenswert sind vor allem der schöne mit Linden eingefasste Kirchplatz und die barocke **Christuskirche** von 1753. Das Wahrzeichen Harpstedtsist ist die **Windmühle** von 1871. In ihr wird noch Mehl gemahlen. Sehenswert ist auch der **Koems**, eine wiederaufgebaute Museums-Scheunenanlage am südwestlichen Ortsrand.

Wer jetzt wieder mit den Rad nach Bassum zurück fährt, kann dort noch mehr Sehenswertes erleben (▸ Seite 80).

**Der Koems**
Museumsscheunenanlage
Wildeshauser Straße/Am Schützenplatz
27243 Harpstedt
☏ (0 42 44) 96 60 85
Historischer Scheunenkomplex , Schmiede und Backhaus
Zur Besichtung telefonische Anfrage erbeten, Führungen möglich

**Rosenfreibad**
temperiert
Tielingskamp
27243 Harpstedt
☏ (0 42 44) 79 52
Mai–Sept. Mo–Fr 6.30–20 Uhr, Sa/So/Fei 9–19 Uhr
3,50 €, Kinder 1,50 €

Die Ozeanbrücke führt nach Klein-Amerika

**Start**
Bahnhof Brettorf
R6 alle 1–2 Stunden ab Bremen Hbf
(31 Min. Fahrzeit)

**Fahrradmitnahme**
NordWestBahn
▸ Seite 7

**Ziel**
Künstlerdorf Dötlingen

**Länge**
22 km (über Ostrittrum: + 8 km)

**Dauer (ohne Pause)**
2 Stunden
(über Ostrittrum insgesamt 2½ Std.)

**Anfahrt ohne Rad**
Bus 270 von Wildeshausen oder Oldenburg nach Dötlingen Mo–Fr ca. stündlich, Sa alle 1–3 Std., So 3x tgl.

**Rückfahrt**
Bahnhof Wildeshausen
R6 alle 1–2 Stunden
(40 Min. Fahrzeit)

**Wild- und Freizeitpark Ostrittrum**
27801 Ostrittrum
☎ (0 44 87) 71 66
Feb.–Okt. tgl. 9–18 Uhr
Bis 3 Jahre Eintritt frei, Kinder bis 14 Jahre 7 €, Erwachsene 6 €
Über 15 ha großer Park mit Safari-Zug, Seilbahn, Märchenwald, Streichelzoo, See zum Bootfahren und mehr.

DÖTLINGEN

# Kunst und Steine

**Auf unserer Radtour von Brettorf durch die hügelige Wildeshauser Geest zum Künstlerdorf Dötlingen erleben wir nicht nur abwechslungsreiche Natur, sondern auch geheimnisvolle Archäologie. Außerdem können wir schöne Fachwerkhäuser sowie Kunst und Kitsch entdecken.**

Von der kleinen verträumten Bahnstation im ländlichen Ort **Brettorf** radeln wir in Richtung Neerstedt los und biegen nach kurzer Zeit in die Straße Heidesch rechts ab. Abseits der Kreisstraße geht's durch Wiesen und Felder entlang des Rittrumer Mühlenbachs weiter.

In **Neerstedt** gelangen wir hinter einer scharfen Linkskurve zum alten Ortskern mit seinen schönen alten Eichen und großen Bauernhöfen. Hinter der Dorfstraße biegen wir rechts in die Brettorfer Straße ein und fahren weiter in Richtung Ostrittrum durch das Neubaugebiet von Neerstedt. Von dort aus geht's bald links ab in den ruhigen Geveshauser Weg bis zum Oher Kirchweg. Wir queren diese Landstraße und biegen kurz danach wieder rechts ab in den Holzkamp. Von hier aus radeln wir immer geradeaus und erst an der Kreuzung Geveshauser Kirchweg biegen wir nach links in Richtung Dötlingen ab.

Wer weiter nach **Ostrittrum** (für den Besuch des Wild- und Freizeitparks oder der Wassermühle) möchte und entlang der etwas längeren Alternativstrecke die Hunte flussaufwärts radeln will, muss an dieser Stelle geradeaus bis zur Ausschilderung des Hunteradwegs an der K 236 weiterfahren.

Auf unserer kürzeren und hügeligen Strecke entlang des Geveshauser Kirchwegs durchfahren wir ein Waldgebiet mit Wochenendhäusern und kommen an einzelnen Hügelgräbern bei Egypten vorbei. Wir radeln längere Zeit am Waldrand entlang mit schönem Blick auf die offene Geestlandschaft. Einen Kilometer vor Dötlingen müssen

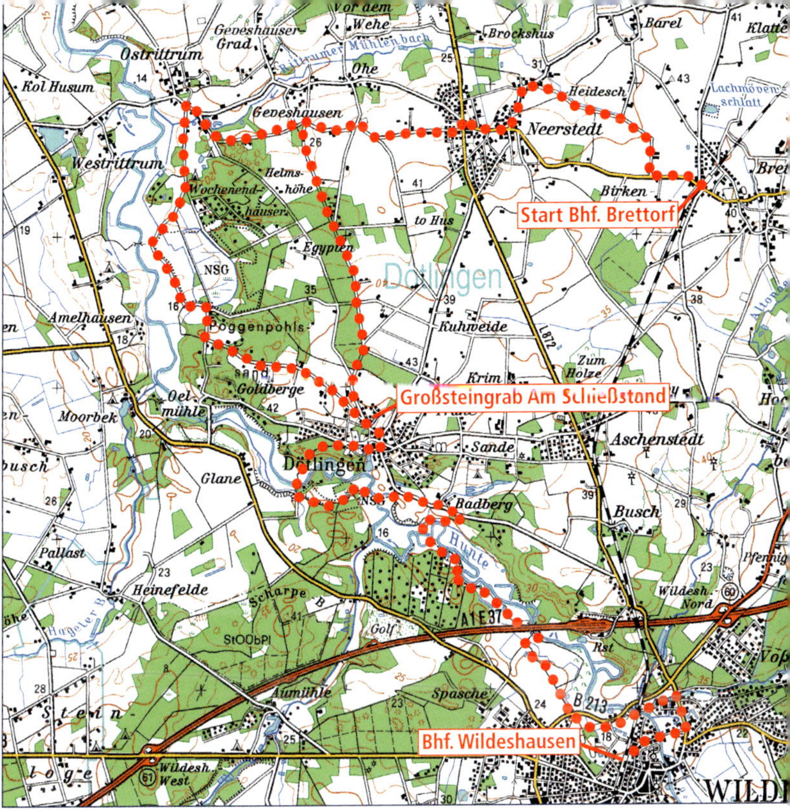


wir kräftig in die Pedale treten, um den letzten Geesthügel hoch zu strampeln – danach werden wir mit einer schönen Abfahrt bis nach **Dötlingen** belohnt. Am Ortseingang kommen wir am Großsteingrab „Am Schießstand" vorbei. Wenig später haben wir bereits den Ortsmittelpunkt, den „Dorfring" erreicht, der umgeben ist von reetgedeckten Fachwerkhäusern. Dort befinden sich auch der alte **Tabkenhof**, der größte Niedersachsenhof in Vierständerbauweise mit 58 m Länge und 17m Breite, und die romanische Feldsteinkirche **St. Firminus** aus dem 11. Jh. Im Zentrum steht als Wahrzeichen Dötlingens die ehrwürdige, 1000 jährige Eiche, die allerdings durch Sturm und Blitzeinschlag mit den Jahren stark gelitten hat.

Berühmt wurde Dötlingen vor allem durch Künstler der Jahrhundertwende, die den Ort entdeckten und sich hier niederließen – ähnlich wie

Reetgedeckte Fachwerkhäuser prägen das Ortsbild von Dötlingen

**Püttenhus**
Heideweg 3
27801 Dötlingen
☎ (0 44 33) 96 92 28 (Bürger- und Heimatverein Dötlingen e.V.)
Keine festen Öffnungszeiten
Wechselnde Ausstellungen, Klönschnackabende, Hochzeiten

**Galerie im Heuerhaus**
(mit Café)
Rittrumer Kirchweg 4
27801 Dötlingen
☎ (0 44 33) 12 41
Mi/Do 14–18, Sa/So 11–18, Apr.–Okt. Fr 14–18 Uhr
Zeitgenössische Kunst, Kunstgewerbeverkauf
Cafe: ☎ (0 44 33) 96 95 91
geöffnet wie Galerie, zusätzlich Sa/So 10–18 Uhr. Leckeres Frühstück an Wochenenden (Vorbestellung nötig), Sommerterrasse im Bauerngarten.

es auch in Fischerhude, Worpswede oder Dangast zu dieser Zeit geschah. Der Bremer Johann Beyer beschrieb Dötlingen 1901 als „....ein weltabgeschiedenes, stilles Heidedorf. Alte, zum Teil uralte, oft baufällige, windschiefe, strohgedeckte Häuser, eine altersgraue Kirche, wenig gepflegte Wege – verleihen dem Orte eine ganz besondere malerische Schönheit, die dadurch noch erhöht wird, dass das Terrain ein hügeliges ist und überall die wundervollsten Fernsichten bietet".

Zum wichtigen kulturellen Anziehungspunkt entwickelte sich die private Malschule Villa Meineck. Hier konnten besonders Frauen, denen um die Jahrhundertwende der offizielle Zugang zu einer Akademie verwehrt war, ausgebildet werden. Einige von ihnen, wie die Malerinnen Marie Stein-Ranke, Anna Feldhusen und Marie Stumpe gelangten später zu größerer Bekanntheit.

Heute leben immer noch viele Künstler in Dötlingen sowie in der näheren Umgebung. Im Ort gibt es Läden und Galerien, die Kunst und Kunstgewerbe, aber auch Kitsch und Souvenirs für Touristen anbieten. Ein Museum mit alten Dötlinger Meistern sucht man leider vergebens, aber einige Bilder der alten Meister kann man sich im **Café im Heuerhaus** anschauen. Mehrfach im Jahr gibt es im Rahmen der „Dötlinger Gartenkultur" auch Veranstaltungsreihen mit Künstlern der Region, die ihre Häuser und Gärten dem Publikum öffnen.

Nach der Kunst – und vielleicht einer Erholungspause in einem der Cafés und Gasthöfe – radeln wir zur zweiten Attraktion von Dötlingen, den jungsteinzeitlichen Grabanlagen. Dazu nehmen wir die Straße Karbäk, bis wir hinter hinter der alten Dorfschule, am Parkplatz des Waldhotels auf die Infotafel des **Huntepadds** stoßen. Von hier folgen wir der Ausschilderung, durchqueren einen Wald mit mächtigen alten Buchen und weiß schimmernden Birken. Über eine schmale Holzbrücke geht's über die Hunte und wir erreichen bald die vier jungsteinzeitlichen Grabanlagen von Dötlingen, die **Glaner Braut** genannt werden.

Der Name Braut/Bräutigam für einige Großsteingräber stammt vermutlich von dem heidnischen Brauch her, Familienfestivitäten wie Eheschließungen an Gräbern abzuhalten. Die „Glaner Braut“ kann allerdings auch mit einer Sage aufwarten: Noch im 20. Jh. habe hier das wohlhabende Volk des Stammes Glane gelebt. In Grab I, der größten Grabanlage der „Glaner Braut“, habe der Fürst Glanos residiert. Die kleineren Gräber indes hätten als Hütten des Volkes gedient.

Infotafeln vor Ort geben Auskunft über diese Großsteingräber, die Ausmaße von bis zu 50 m Länge und 8 m Breite haben. Besonders schön anzusehen ist die Einbettung der Grabsteine in die lila-grau-grün farbige Heidelandschaft.

Zum Ende unserer Huntepadd-Wanderung überqueren wir ein zweites Mal die Hunte und erreichen wenig später den Heideweg in Dötlingen. Hier stoßen wir auch auf den ausgeschilderten **Hunteradweg**, dem wir auf meist ebener Strecke und in Blicknähe der naturnahen Hunte bis nach Wildeshausen folgen.

In Wildeshausen (▸ Seite 102) kommen wir direkt an der altehrwürdigen Alexanderkirche vorbei. Das gegenüberliegende historische Amtshaus, das ein exklusives Lokal beherbergt, lockt uns noch eine ausgiebige Pause zu machen, bevor wir über die Kirchstraße und am Marktplatz vorbei zum Bahnhof radeln.

**Waldhotel & Huntepadd Café**
Karkbläk 2
27801 Dötlingen
☎ (0 44 33) 9 48 50
März–Okt. Mo, Di, Fr–So 14–20 Uhr, Nov.–Feb. Fr–So 14–20 Uhr
Im Frühsommer Dötlinger Spargel, im Winter Oldenburger Grünkohl, selbstgebackener Kuchen, schöne Sonnenterasse.

Die St. Firminuskirche in Dötlingen stammt aus dem 11. Jahrhundert

**Start**
Bahnhof Wildeshausen
R6 ab Bremen Hbf alle 1-2 Stunden (40 Min. Fahrzeit)

**Länge**
3 km (Stadtwallspaziergang)
5,5 km Variante 1 (Rote Route) mit Huntespaziergang,
9,5 km Variante 2 (Rote und gelbe Route) Wildeshausen – Katenbäker Heide

**Dauer**
1 Stunde (ohne Besichtigungen und Pausen),
Variante 1: 1½ Stunden
Variante 2: 2½ Stunden



# Wo die Wilden hausen?

**Das hübsche Städtchen Wildeshausen liegt mitten im Naturpark Wildeshauser Geest. Wir wandern auf dem alten Stadtwall zum Marktplatz, sehen das Glockenspiel am neuen Stadthaus und spazieren durch den Stadtpark zur Hunte.**

Die Namensgebung von Wildeshausen deutet schon an, dass wir es hier mit sehr lebendiger, wechselvollen Geschichte zu tun bekommen – und richtig: aus diesem Ort stammt der letzte bedeutende und wilde (=heidnische) Gegenspieler Karls des Großen, Widukind, der Herzog der Sachsen. Dieser hat lange Zeit in den Sachsenkriegen gegen die Franken und die Christianisierung gekämpft. 804 n. Chr. bekannte sich Widukind schließlich zum christlichen Glauben, ließ sich taufen und gab seinen Widerstand auf. Der Name des früheren Sachsenführers ist hier noch sehr lebendig und auch die heutige Alexanderkirche ist eine Nachfolgerin der frühen Holz- und schlichten Steinkirchen, die im Zuge der Christianisierung entstanden.

Auf den Spuren der Geschichte starten wir vom Bahnhof aus in Richtung Innenstadt zu den Highlights Wildeshausens. Von der Bahnhofsstraße mit traditioneller Klinkerpflasterung biegen wir links auf den hohen **Wall** ein, auf dem wir fern ab vom Autoverkehr unter alten Eichen und Buchen den alten Ortskern (fast) umrunden können. Zu Zeiten der Stadtgründung um 1270 einst als schützende Mauer angelegt, wurde sie im 16. Jh. zerstört und später nur noch als Wall wieder aufgebaut.

In einem Schlenker zur Hunte hin gelangen wir vom Wall zum alten **Amtshaus** (heute ein renommiertes Lokal) und zur **Alexanderkirche**, die zusammen mit dem **Remter**, dem 1000 Jahre alten Kapitelhaus der Stiftsherren, ein wunderschönes Ensemble bildet.

**Alexanderkirche mit Remter (Kapitelhaus)**
Herrlichkeit
27793 Wildeshausen
Tägl. 9–17 Uhr, im Sommer bis 18 Uhr
Führungen:
☎ (0 44 31) 15 69 Küster Erich Siemer oder
(0 44 31) 65 64 Verkehrsverein Wildeshausen
Älteste Kirche im Oldenburger Land mit schönen Jugendstilmalereien.

Die heutige Kirche ist die einzige spätromanische Basilika im Oldenburger Land und stammt

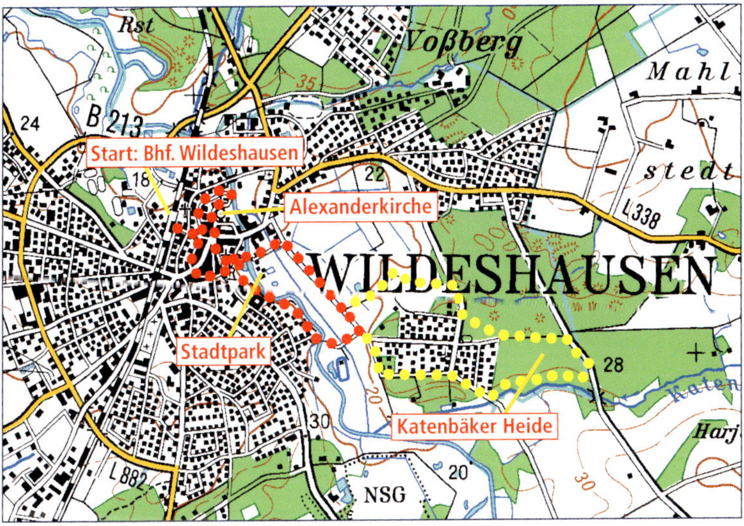


etwa aus dem 12. Jh. Sie wurde ursprünglich von dem Grafen Waltbert, einem Enkel des sagenumwobenen Widukind, gegründet. Er soll 851 n. Chr. vom damaligen Papst in Rom Reliquien des Märtyrers und Heiligen Alexander zur Missionsarbeit empfangen haben, die in der Wildeshauser Kirche aufbewahrt werden sollten. Zu Ehren des Heiligen wurde eine steinerne Kirche gebaut und Wildeshausen wurde zum Wallfahrtsort. Als Folge der Reformation ist die Alexanderkirche heute evangelisch und die Reliquien befinden sich nun in der Pfarrkirche St. Georg in Vechta.

Besonders interessant im Inneren der Kirche sind die wieder freigelegten Fresken in der Sakristei aus dem 13. Jh., die Jugendstilfenster sowie die filigranen Blumen- und Blattrankenmalereien der nördlichen Empore.

Auf unserem Rundgang gehen wir durch den Torbogen hindurch und kommen auf die Sägestraße, eine nach historischen Bildern umgestaltete Gasse, die uns weiter über die Kirchstraße zum **Marktplatz** mit dem gotischen **Rathaus** führt. Mit etwas Glück, sind wir gerade hier, wenn das Glockenspiel mit Figurenumlauf am neuen Stadthaus ertönt. 23 Glöckchen werden elektromagnetisch

**Historisches Rathaus**
Am Markt 1
27793 Wildeshausen
Tgl. 9–12 und 14–18 Uhr
Rathaus mit markantem hochgotischen Stufengiebel aus dem 13./14. Jh.
Zu besichtigen sind der obere Ratssaal und das historische Trauzimmer.

**Glockenspiel**
am Neuen Stadthaus
10, 12, 16 und 18 Uhr

**Altes Amtshaus**
Herrlichkeit 13
27793 Wildeshausen
☎ (0 44 31) 9 46 38 00
Di–Sa 18–22, So 11.30–14, 18–22 Uhr
Gehobene neue deutsche Küche in historischem Ambiente und Sommergarten. Empfehlenswert ist glasierte Entenbrust auf Apfel-Birne-Konfit mit Schupfnudeln....lecker!

**Brennereimuseum**
Wittekindstraße 2
27793 Wildeshausen
Mai–Sept. So 15–18 Uhr
☎ (0 42 22) 65 17
2 €, Kinder frei

angeschlagen und zu den Melodien erscheinen sechs Lindenholzfiguren, die an das Leben und Geschichte der Stadt erinnern.

Anschließend geht's die Burgstraße hoch, vorbei an der katholischen Kirche St. Peter zur Wittekindstraße. Auf der anderen Straßenseite beginnt der an der Hunte gelegene **Stadtpark** mit dem Burgwall und dem Ehrenmahl des 1. Weltkriegs. Ab hier entscheiden wir uns, ob wir eine kleine Wanderung (1) an der Hunte entlang der Geestkante unternehmen oder die etwas längere Variante (2) durch die Katenbäker Heide und Moorbäke wählen.

Wenn wir die Tour auf dem Stadtwall zurück in Richtung Bahnhof und Innenstadt nehmen, bleibt vielleicht noch Zeit, um das **Brennereimuseum** zu besuchen. In der liebevoll restaurierten ehemaligen Schnapsbrennerei, in der seit 1887 Spezialitäten wie „Choleratropfen“ oder „Malakoff“ gebraut wurden, kann sonntags in der Saison die voll funktionstüchtige historische Produktionsanlage besichtigt werden. Mit überraschendem Probeschluck inklusive!

Lauschiger Winkel in Wildeshausen: Der Durchgang am Alexanderstift.

# Steingräber in der Heide

**Vom hübschen Städtchen Wildeshausen aus radeln wir entlang der Hunte zum Naturschutzgebiet Pestruper Moor und Pestruper Gräberfeld, tauchen in das riesige Steingrab der Kleinenkneter Steine ab und besuchen in Hanstedt ein Bauernhofcafé.**

Vom Bahnhof Wildeshausen radeln wir über die Bahnhofstraße zum Marktplatz (▸ Seite 102). Danach geht's die Burgstraße hoch und wir gelangen hinter der Kirche St. Peter zur Wittekindstraße, die wir an der Fußgängerampel überqueren, um zum Stadtpark zu gelangen. Noch schnell den Burgwall hinuntergeradelt und schon erreichen wir den Fuß- und Radweg am Ufer der Hunte, der wenig später auch als „Hunteradweg" ausgeschildert ist.

An der eiszeitlich entstandenen Geestkante geht's entlang des Hunteradwegs über die Brücke in Richtung Katenbäker Heide. Von hier aus hat man einen weiten Blick auf den Fluss, der sich gehölzumsäumt durch die Landschaft schlängelt.

Ein Stückchen weiter überqueren wir aufs neue die Hunte und folgen dem Hunteradweg bis zur wenig befahrenen Straße Am Pestruper Moor. Entlang dieser Strecke erleben wir eine Flusslandschaft mit vielen Altarmen und ein Niedermoorgebiet, das unter Naturschutz steht.

An der Pestruper Straße biegen wir rechts ab und können von hier aus schon die fast baumlose, hügelige Heidelandschaft erkennen. Wenig später passieren wir rechterhand einen Waldparkplatz, queren die K 248 und haben nun das etwa 39 ha große, riesige **Pestruper Gräberfeld** vor uns. 530 erhaltene Grabhügel befinden sich auf dem Gelände, darunter auch Königsgräber. Nach einer Legende sollen hier massenhaft an Pest verendete Riesen ihre letzte Ruhestätte haben, daher der Name „Pestrup".

Es handelt sich um das größte, gut erhaltene Hügelgräberfeld der späten Bronze- und frühen

**Radrundtour**

**Start**
Bahnhof Wildeshausen
R6 ab Bremen Hbf, alle 1–2 Stunden (40 Min. Fahrzeit)

**Fahrradmitnahme**
NordWestBahn
▸ Seite 7

**Ziel**
Pestruper Gräberfeld
Kleinenkneter Steine

**Länge**
14 km (Tour 1, rote Route)
25 km (Tour 2 mit Hofcafe und Reckumer Steinen, rote und gelbe Route)

**Dauer**
Tour 1: ca. 1–1½ Std.
Tour 2: ca. 2½ Std.

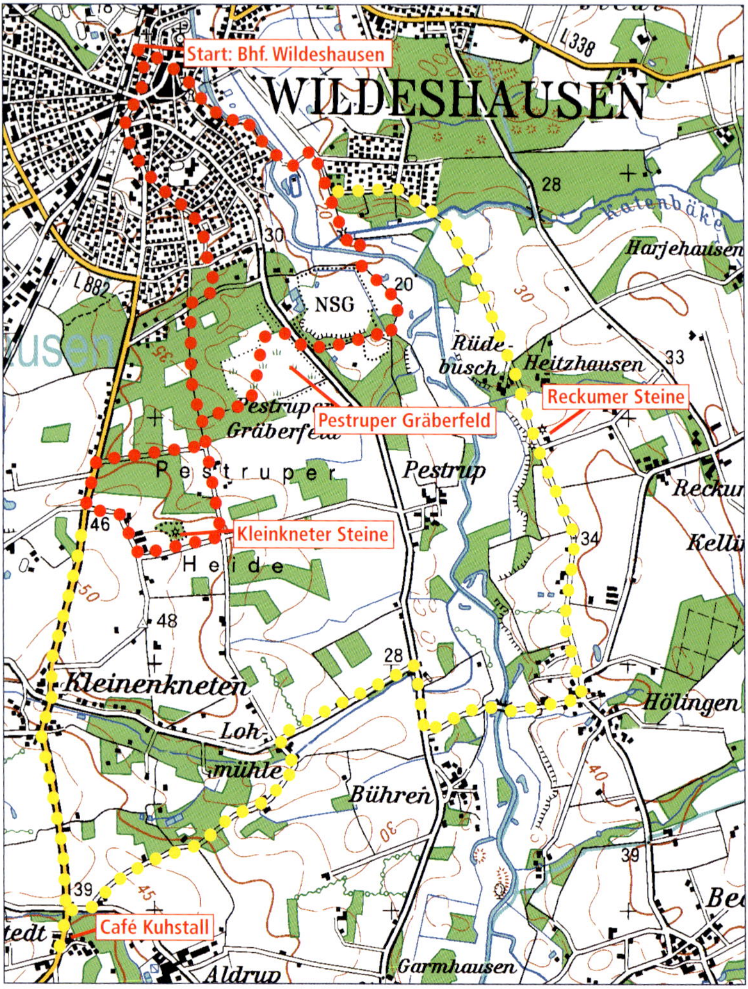


Eisenzeit (zwischen 900 und 200 v. Chr.) im nördlichen Mitteleuropa. Über einen Zeitraum von mehr als 1000 Jahren wurden die Toten der Umgebung hier verbrannt, die Urnen mit der Asche in Erdhügeln beigesetzt. Im Nordteil des Gräberfeldes findet man tellerartig geformte Hügel von etwa 1,20 Metern Höhe und Durchmessern von etwa 30 Metern. Sie werden wegen ihrer Größe **Königshügel** genannt. Über 10 000 Gefäßteile,

Waffen und Perlenschmuck aus der Trichterbecherkultur wurden auf dem Gräberfeld gefunden. Sie sind heute im Oldenburger **Landesmuseum Natur und Mensch zu besichtigen** (▶ Seite 126).

Am Schafkoben mit Heidschnucken (die Tiere grasen die Gräberfelder ab und erhalten so die Heide) vorbei, radeln wir über den leicht sandigen Weg und stoßen hinter einem Waldstück auf den Lohmühlenweg. Hier biegen wir links ab und folgen der Landstraße bis zur Kreuzung Kleinenkneten, in die wir rechts abbiegen. Rechterhand liegt vor uns nun ein kleines Wäldchen und wir folgen dem Hinweis zu den **Kleinenkneter Steinen**. Hier versteckt liegen zwei Großsteingräber.

Beide „Hünenbetten" stammen aus der Jungsteinzeit (3500 v. Chr.). Besonders das große Grab (50 m Länge und 7 m Breite, 1934-35 rekonstruiert) ist faszinierend. Es ist mit Decksteinen belegt und von 85 Findlingen umrandet. In der Mitte liegt eine große Grabkammer, in die man wie in eine Höhle gebückt hineingehen kann. So sahen die Gräber vor 5000 Jahren aus!

Wir fahren nun den Waldpfad zurück und halten uns rechts. An der nächsten Kreuzung müssen wir uns entscheiden: fahren wir rechts in Richtung Wildeshausen zurück (**Tour 1**), ein Stück die Goldenstedter Straße entlang, den Lohmühlenweg, Lönsweg über den romantischen Hohlweg Kuhtrade geradeaus zurück in die Innenstadt. Oder wählen wir die längere **Tour 2** und biegen nach links in südliche Richtung nach Kleinenkneten ab.

Hier lohnt ein Besuch im kinderfreundlichen **Café Kuhstall** in Hanstedt. Zurück geht es auf der rechten Hunteseite weiter über Hölingen zu den sehenswerten Großsteingräbern **Reckumer Steine** und über den Kurpark zurück nach Wildeshausen.

**Café Kuhstall**
(historische Hofstelle)
Hanstedt 1
27793 Wildeshausen
☎ (0 44 34) 91 83 80
Mi–So 14–18 Uhr
Familiencafé mit leckerem hausgemachten Kuchen, Spiel und Spaß auf dem Bauernhof

Pestruper Gräberfeld

Wasserbüffel bei
Sandhatten
▸ Seite114

# NORDWEST

**Start**
Bhf Bremen-Neustadt

**Ziele**
Park links der Weser
Ochtumniederung

**Länge**
Radtour 30,5 km
Kurze Tour (Gelbe Route): 24 km

**Dauer**
3 Stunden (langsames Tempo, ohne Pausen)

**Fähre**
Lemwerder–Vegesack
Mo–Fr alle 10 Min.,
Sa/So alle 20 Min.

**Rückfahrt**
Bahnhof Vegesack
R1 alle 30 Min.
(Fahrzeit 23 Min.)



# Zu den Störchen an der Ochtum

**Dank der Flughafenerweiterung und der Verlegung der Ochtum haben die Bremer traumhaft weitläufige Natur- und Erholungsfreiräume gewonnen. Auf meist ruhigen Wegen geht es mit dem Rad entlang der neuen Ochtum bis nach Lemwerder und mit der Fähre nach Vegesack.**

Vom Bahnhof Neustadt radeln wir unter der Hochstraße (Oldenburger Str.) durch und fahren über den Hohentorsplatz in Richtung Neustadtscontrescarpe. Wir wechseln auf die grüne Parkseite und schieben durch den ruhigen Neustadtswall, der ab Hohentor- und Langemarckstraße viele neue Spiel- und Bolzplätze beherbergt.

Am Hallenbad Süd und dem roten Backsteingebäude der Polizei vorbei gelangen wir zur Friedrich-Ebert-Straße und biegen rechts ab. Nun befinden wir uns auf der **Radroute des Grünen Ringes** (Querverbindung) und folgen der Ausschilderung in Richtung Huchting. Es geht nun immer an den Straßenbahnschienen entlang geradeaus, über die Neuenlanderstraße hinweg zur neugebauten Schrägseilbrücke der A 281, dem neuen Wahrzeichen der **Bremer Neustadt**.

Hinter der Brücke folgen wir dem Linksknick des Flughafendamms an der Bochumerstraße vorbei und gelangen nach etwa 100 m rechts in einen ruhigen Weg ohne Autoverkehr. Dieser Weg führt uns an den lebendig gestalteten Gärten und Gräben Grollands vorbei bis zur Norderländerstraße und weiter zum Park links der Weser.

Hinter dem Wall breitet sich die **Ochtumniederung** wie ein weites Tuch vor uns aus. Hinter der Fußgängerbrücke halten wir uns rechts und radeln weiter gen Norden entlang der Ochtum, bis wir die Straße hinter der Eisenbahn, den „Wardamm“ erreichen, dem wir nun in westlicher Richtung auf dem Grünen Ring weiter folgen.

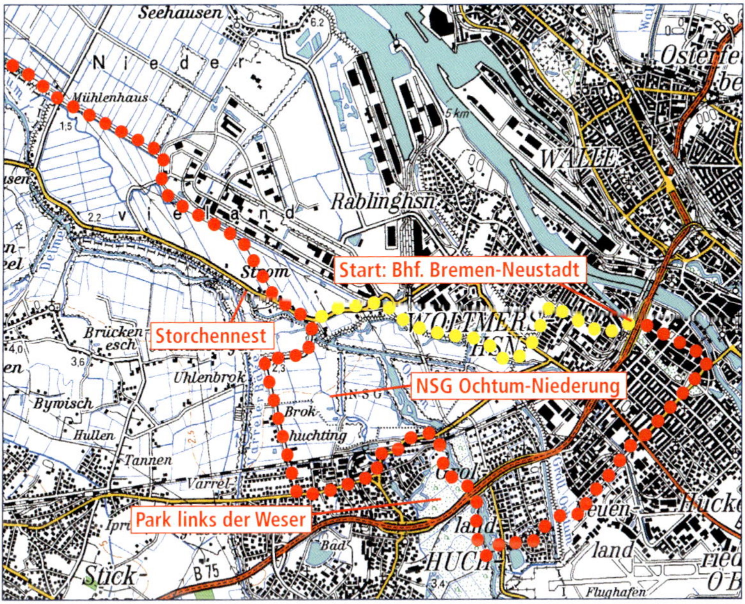


Sieht man diese Landschaft, glaubt man kaum, dass hier ein künstlicher neuer Lebensraum für Pflanzen und Tiere geschaffen wurde! Für den Ausbau des Flughafens wurde die Ochtum verlegt und bekam als Ausgleich ein neues Gewässerbett nach ökologischen Gesichtspunkten. In mittlerweile 20 Jahren wurden hier behutsam neue Lebens- und Freiräume geschaffen. Ein kleines Paradies für Naturliebhaber und Erholungssuchende entstand: der naturnahe **Park links der Weser** und ein großes Auengebiet in der nördlich angrenzenden **Ochtumniederung bei Brokhuchting.**

Dieses Naturschutzgebiet wurde bei der Europäischen Kommission in Brüssel als Vogelschutzgebiet gemeldet, weil es sich mittlerweile zu einem der wichtigsten Brut-, Rast- und Überwinterungsgebiete für Vögel im Bremer Raum entwickelt hat. 213 Vogelarten, darunter 101 Brutvogelarten, wurden hier bislang registriert. In den Gräben und Wasserflächen wurden auch bereits seltenere Fisch- und Amphibienarten wie Steinbeißer, Seefrosch oder der Schlammpeitzger entdeckt.

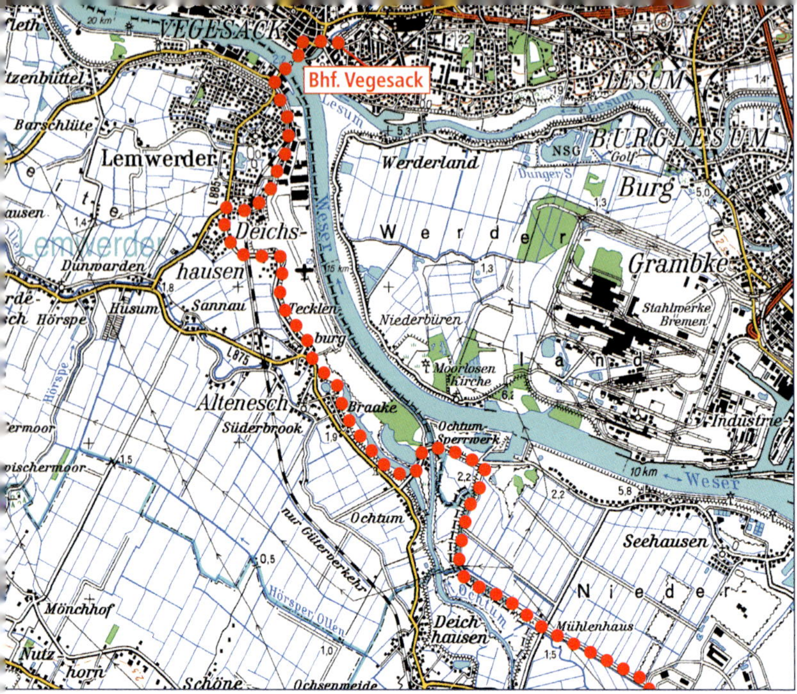


**Pieper's Mühlenhaus**
Wiedbrokstr. 57
28197 Bremen
☎ (04 21) 54 15 50
Mo–Di, Do–So 11.30–14.30, 17.30–21.30 Uhr
Fisch- und Fleischgerichte, idyllische Sommerterrasse.

An der Brokhuchtinger Landstraße biegen wir rechts ab und folgen weiter der Ausschilderung des Grünen Ringes bis zur Köhlerbrücke auf die andere Straßenseite der Stromer Landstraße. Hier ist es zeitweise sehr verkehrsreich, so dass wir es vorziehen, unsere Tour in Richtung Weser und Seehausen weiter fortzusetzen. Wer aber an der Stromer Landstraße weiter entlang fährt, kann vieles über Niedervieland lernen, denn es verläuft hier die neu ausgeschilderte „Bremer Landroute" .

Vor dem Grundstück Nr. 18 mit einem großen **Storchennest** im Vorgartenbaum biegen wir rechts ab. Wir fahren auf die Hallen des Güterverkehrszentrums (GVZ) zu und folgen dessen Verlauf nach links. An der nächsten Abzweigung halten wir uns rechts, um nach weiteren 300 Metern das GVZ hinter uns lassend nach links in die Marschwiesen zu fahren. Immer geradeaus entlang des Achterkampfleets gelangen wir auf diesem ruhigen Weg ohne Autoverkehr bis zu „Piepers Mühlenhaus", einer beliebten Gaststätte. Dahinter können wir hoch auf einem Damm mit schönem Blick auf die weite Auenlandschaft weiter bis zum **Ochtum-Sperrwerk** radeln.

Das Sperrwerk wurde gebaut, um die dahinter liegenden Niederungen und insbesondere Teile von Bremen vor Hochwasser zu schützen. Errichtet wurde es nach der großen Sturmflut im Februar 1962, bei der es zu Todesopfern im Unterweserraum kam. Für den Bau wurde das Flussbett der Ochtum und die Mündung in die Weser ein Stück nach Südosten verlegt. Das Sperrwerk verfügt über zwei Durchlässe, die bei Hochwasser durch Hubtore verschlossen werden können. Damit Boote passieren können verfügt das Sperrwerk auch über eine Schleuse. Zusammen mit den Sperrwerken an der Lesum und der Hunte ist das Ochtumsperrwerk Teil eines Gesamtkonzepts zum Hochwasserschutz an der Unterweser.

Nachdem wir das Sperrwerk überquert haben geht's nun stetig die untere Weser entlang. Wir folgen der Radwegausschilderung des **Weserradwegs** über die kleinen Dörfer Altenesch, Tecklenburg bis nach **Deichshausen**.

Hier verlassen wir wieder die ausgeschilderte Radroute und fahren rechts in den Johannesweg ab, um die reizvolle Strecke weiter am Deich, entlang reetgedeckter Häuser bis nach **Lemwerder** zu radeln. Vorbei am großen Werksgebäude der Werft Abeking & Rasmussen erreichen wir die Fähre. Auf der kurzen Fahrt über die Weser hat man einen herrlichen Blick auf **Vegesack**. Wieder an Land radeln wir über die moderne Fußgänger-Klappbrücke am Einkaufszentrum „Haven Höövt" vorbei zum Vegesacker Bahnhof. Wer sich aber vorher die Sehenswürdigkeiten von Vegesack ansehen möchte, liest auf ► Seite 42 weiter.

**Melkhus**
(Stefanie Nobis)
Nobisstraße 1
27809 Lemwerder-Altenesch
✆ (04 21) 67 94 67
Mai–Sept. 9.30–19 Uhr
Selbstgemachte Milchprodukte

**Zur gläsernen Werft**
Schulkenstraße
28755 Bremen
Stadtgarten Vegesack/Vulkan-Gelände
✆ (04 21) 69 89 48 9
Di–So 10–21.30 Uhr
Café-Restaurant mit schönem Blick auf die Werften von Lemwerder und die Weserpromenade von Vegesack

An der Ochtumniederung

**Start**
Bahnhof Sandkrug
R7 ab Bremen Hbf bis Oldenburg, dann R9 alle 2 Stunden (Fahrzeit 42 Min.)

**Fahrradmitnahme**
NordWestBahn
▸ Seite 7

**Ziele**
Sandhatten, Kirchhatten, Osttrittrum

**Länge**
Radtour: ca. 24 km, (Alternativstrecke via Steingrab 3,5 km kürzer)

**Dauer**
Radtour: 2 Stunden (ohne Besichtigungen und Pausen)

**Rückfahrt**
Bahnhof Huntlosen
R9 bis Oldenburg (alle 2 Stunden), dann R7 nach Bremen
(Fahrzeit 51 Min.)

**Sandhatter Waldcafé**
Bulder-Berg-Weg 9
26209 Hatten-Sandhatten
☎ (0 44 82) 3 23
Mo, Mi–Fr 14–18 Uhr,
Sa/So 9.30–12.30 Uhr,
14–18 Uhr
Kaffee und Kuchen

SANDKRUG

# Durch Wald und Moor

**Per Rad durch die hügelige Wildeshauser Geest: Auf dieser Tour von Sandkrug nach Huntlosen erleben wir die (Wald-)Dünenlandschaft um die Osenberge, das reizvolle Huntetal und ein Großsteingrab. Außerdem kann man eine alte Wassermühle besichtigen und viel Spaß im Wild- und Freizeitpark in Ostrittrum haben.**

Wir starten von Bahnhof **Sandkrug** aus in südlicher Richtung. Kurz nachdem wir die Kreuzkirche und den hölzernen Glockenturm von St. Ansgar passiert haben, biegen wir auch schon rechts ab in das durch alten Kiefernbestand geprägte Waldgebiet der **Osenberge**. In den Osenbergen soll nach der Legende ein Zwergenvolk gelebt haben. Auch die Sage vom berühmten Oldenburger Wunderhorn, das als Trinkgefäß im Oldenburger Schlossmuseum besichtigt werden kann, handelt in dieser Waldgegend:

*So war um das Jahr 989 Graf Otto von Oldenburg auf der Jagd im Barneführerholz bei Oldenburg. Auf der Jagd nach einem Reh trennte er sich von seinem Gefolge und stand plötzlich allein mit seinem Schimmel auf dem sandigen Osenberge. Ihn dürstete, und da trat eine schöne Fee aus dem Hügel heraus und bot ihm ein kunstvolles Jägerhorn an, aus dem er trinken solle. Otto aber weigerte sich, weil ihm der Inhalt verdächtig vorkam. Da sagte die Fee: „Trinket aus, so soll es Euch und Eurem Land wohl ergehen. Trinkt Ihr aber nicht, so wird Euer Grafenhaus in Zwietracht zerfallen." Otto aber schüttete den Inhalt hinter sich, wobei ein paar Tropfen auf den Rücken seines Pferdes fielen und dessen Fell versengten. Als die Fee das leere Trinkhorn zurückverlangte, ritt der Graf damit schnell davon.*

Die Dünenlandschaft der Osenberge mit den höchsten Erhebungen **Kistenberg** und **Gierenberg** ist während der letzten Eiszeit geformt worden. Entlang der grün-weißen Radroutenausschilde-

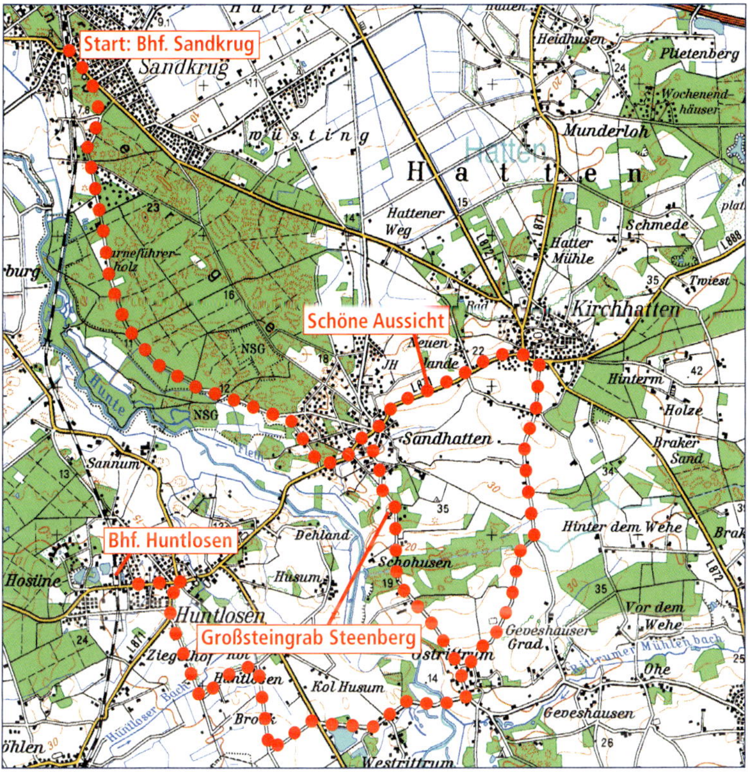


rung radeln wir nun im Bereich des Kistenbergs durch das „Barnerführerholz". Unser Weg führt durch ein Wochenendhausgebiet auf schönen Waldwegen am Rand des Huntetals entlang. Vom Geestrand aus haben wir weite Ausblicke auf Felder und Wiesen der Flussaue. Wir kommen an der „Püttenhütte", einem Schutzhäuschen und Rastplatz vorbei. Von hier radeln wir den Heideweg geradeaus weiter zur Huntloser Straße, an der wir links nach **Sandhatten** abbiegen. In dem kleinen Ort haben sich einige Künstler und Kunsthandwerker niedergelassen. Wer Interesse hat, sich ihre Werkstätten anzuschauen, der sollte vorher einen Besuchtermin vereinbaren.

Im Ortszentrum von Sandhatten kommen wir an einem riesigen Findling vorbei, der beein-

**Atelier 5**
Susann Gähde und
Maria-Anna Nordiek
Huntloser Straße 5
26209 Hatten-Sandhatten
✆ (0 44 82) 81 32
Fertigung von Schmuck, unregelmäßig geöffnet, telefonische Anmeldung erbeten

**Keramikatelier**
**Martin McWilliam**
Auf dem Kötjen 1
26209 Hatten-Sandhatten
✆ (0 44 82) 83 72
International bekannter Künstler, Holzbrandtechnik, zur Besichtigung telefonisch anmelden.

Zwischen Sandhatten und Huntlosen

druckend ist! Hier entscheiden wir uns, ob wir die Alternativroute zum **Großsteingrab Steenberg** nehmen. Der Besuch dieses Ganggrabes lohnt sich, auch wenn es an anderer Stelle in der Wildeshauser Geest größere Grabfunde gibt. In ruhiger Lage inmitten einer malerischen Eichengruppe bieten die Steine einen Ruhe- und Rastort. Die Trag- und Decksteine sind noch gut erhaltenen und lassen das ursprüngliche Grab erahnen. Dafür müssen wir die Straße „An der alten Schule" rechts ab fahren und ab Kreuzung Haferkampstraße der Ausschilderung zum Steingrab und Hunteradweg in Richtung Ostrittrum folgen (Entfernung ca. 3,5 km).

Unsere Hauptroute geht entlang der L871 weiter bergauf in Richtung Kirchhatten. Vom „Gipfel" aus, mit 35 m über dem Meer der höchste Punkt unserer Tour, haben wir einen weiten Blick auf offene Feldermosaiken, schöne Gehöfte mit alten Eichen und entdecken mysteriöse Figuren am Wegesrande – hier leben kreative Menschen!

Auf dem Weg bergab sehen wir schon bald den Kirchturm der **St. Ansgarikirche** in **Kirchhatten**. Nach einer Legende soll die Kirche als Sühne für den Mord an Graf Christian erbaut worden sein.

**St. Ansgari-Kirche**
Wildeshauser Straße 2
26209 Hatten-Kirchhatten
☎ (0 44 82) 3 29
In der Sommerzeit 8–18, im Winter von 9–16 Uhr geöffnet. Nach Absprache sind auch Führungen möglich.

Der Graf, ein Sohn des Grafen von Oldenburg, war auf der Rückkehr von einem Kreuzzug gewesen. Die sehenswerte Kirche ist im 13. Jh. erbaut und hat im Inneren eine schöne ornamentale Bemalung sowie eine lebensgroße Christusgestalt hinter dem Altar.

Wer jetzt im Sommer eine Abkühlung braucht, dem sei das nahe **Freibad** im Kirchhattener Sport- und Freizeitzentrum empfohlen. Andernfalls verlassen den das Zentrum von Kirchhatten in südlicher Richtung, und biegen rechts ab in die Rittrumer Straße. Auf unserem Weg in die Hunteniederung, der gemütlich an Feldern und Wiesen die meiste Zeit bergab geht, kommen wir an einem Hinweis zum Melkhus vorbei. Dort werden vom Hof aus leckere Milchprodukte und ein Rastplatz angeboten.

Nach wenigen Kilometern haben wir auch schon den kleinen Ort **Ostrittrum** erreicht. Hauptattraktion ist neben einer restaurierten Wassermühle aus dem 15. Jh. vor allem der **Wild- und Freizeitpark** mit Heimatmuseum. Auch ein Märchenwald, ein See, ein großer Abenteuerspielplatz und ein Café-Restaurant stehen für kleine und große Besucher offen.

Ab Ostrittrum radeln wir wieder im schönen Huntetal. Auf ebener Strecke geht es bequem weiter über Westrittrum und am Naturschutzgebiet **Huntloser Moor** vorbei. Diese war ursprünlich Bestandteil des Großen Moores, von dem allerdings große Teile urbar gemacht wurden.

Im idyllischen Ort **Huntlosen** sind wir an unserem Ziel angelangt. Huntlosen war einst als Kirchspiel ein Geschenk von Graf Wolbert, dem Enkel Widukinds an das Alexanderstift in Wildeshausen. Heute gehört der Ort zur Gemeinde Großenkneten. Die schönen Fachwerk- und Klinkerhäuser und die alte Kirche **St. Brictius** aus dem Jahre 1250 mit dem achteckigen Turm lohnen eine Besichtigung.

Bei einer Einkehr in einem der Lokale sollte man auch das „Huntewasser" probieren – ein Kräuterschnaps der im Dorf ansässigen Spirituosenfabrik. Danach lässt sich das Rad vermutlich ganz beschwingt zum Bahnhof schieben.

**FreiZeitZentrum Hatten**
Kreyenweg 8
26209 Hatten-Kirchhatten
☎ (0 44 82) 6 77
Freibad: Mai–Aug. Mo–Fr 6.30–20, Sa/So 10–19 Uhr
Erwachsene 2,50 €, Kinder bis 3 Jahre 0,50 €, Kinder bis 16 Jahre 1,50 €
Campingplatz, Freibad, Minigolf, Sport- und Spielanlagen

**Kirchhatter Teestube**
Wildeshauserstr. 14
26209 Hatten-Kirchhatten
☎ (0 44 82) 81 94
Tgl. 14–18 Uhr
Ostfriesische Teekultur, hausgebackener Kuchen

**Melkhus**
Erika Barkemeyer
Neuhatter Str. 4
26209 Hatten-Kirchhatten
☎ (0 44 82) 97 42 33

**Wild- und Freizeitpark Ostrittrum**
27801 Ostrittrum
☎ (0 44 87) 71 66
Feb.–1. Nov. tgl. 9–18 Uhr
www.freizeitpark-ostrittrum.de
Bis 3 Jahre Eintritt frei, Kinder bis 14 Jahre 7 €, Erwachsene 8 €
15 ha großer Park mit Safari-Zug, Seilbahn, Märchenwald, Streichelzoo, See zum Bootfahren und mehr.

**Start**
Bahnhof Hude
R7/R8, ca. alle 30 Min. ab Bremen Hbf (Fahrzeit 19–29 Min.)

**Länge**
26 km, kleine Spaziergänge zu Fuß im Friedwald und Klosterbezirk ca. 4,5 km

**Dauer Radtour**
2½ Stunden (ohne Besichtigungen und Pausen)

**Dauer Spaziergänge**
Friedwald und Kloster 1½ Stunden

**Eiscafe Italia**
Parkstraße 32
27798 Hude
☎ (0 44 08) 68 48
tgl. 10–23 Uhr, Frühstück 10–14 Uhr
Leckeres Eis ganz in Bahnhofsnähe

**Infos zum Hasbruch**
Niedersächsisches Forstamt Hasbruch
Am Forsthaus 5
27798 Hude
☎ (0 44 08) 93 97 18
Führungen können auf Wunsch vereinbart werden.

HUDE – HASBRUCH

# Durch dick und dünn

**Am Nordrand der Wildeshauser Geest gelegen, grenzt Hude an die Wesermarsch. Südlich und westlich aber liegen ausgedehnte Wälder – die wollen wir heute erkunden. Und am Ende des Ausflugs statten wir dem ehemaligen Kloster einen Besuch ab.**

Vom Bahnhof radeln wir in östlicher Richtung los und lernen Hude von seinem **Geestrand** her kennen. Dafür fahren wir rechts ab in die „Nordheide“ und nehmen vor dem Bahnübergang die links abbiegende Straße „Am Bahndamm“. Nun geht's eine ganze Weile weiter entlang der Bahnlinie an Stadtrandsiedlungen und einzelnen Feldern vorbei. Nach kurzer Zeit wird die Landschaft offener. Kurz vor Bookholzberg queren wir die Bahnstrecke und biegen rechts in die Dorfstraße ein. Jetzt geht es etwa 2,5 km lang mit einer merklichen Steigung hoch in Richtung Hasbruch.

An der nächsten Abzweigung halten wir uns rechts und radeln den Fuhrenweg weiter, der an reetgedeckten Höfen, Feld- und Waldmosaiken vorbei über die Huderstraße in den Müllerweg mündet. Am Ende der Straße biegen wir rechts in die Alte Allee ein und haben nun den Rand des Waldgebietes **Hasbruch** erreicht.

## Im Hasbruch

Am Parkplatz des ehemaligen „Landhaus Hasbruch“ finden wir eine Infotafel, mit einem Plan durch den Hasbruch. Mit unserem Rad bleiben wir lieber auf dem Hauptweg „Hohenbrökener Weg“, der fast den ganzen Wald durchquert und dann rechtwinkelig entlang des Baches „Bruchbäke“ nach rechts abzweigt.

Ein Teil des insgesamt 600 ha großen Waldes steht unter Naturschutz und bleibt als Naturdenkmal sich selbst überlassen – so ist er mit der Zeit ein **Urwald** geworden. Für Besucher hat das einen ganz besonderen Reiz, denn hier können die Bäume uralt werden und sind richtige Cha-

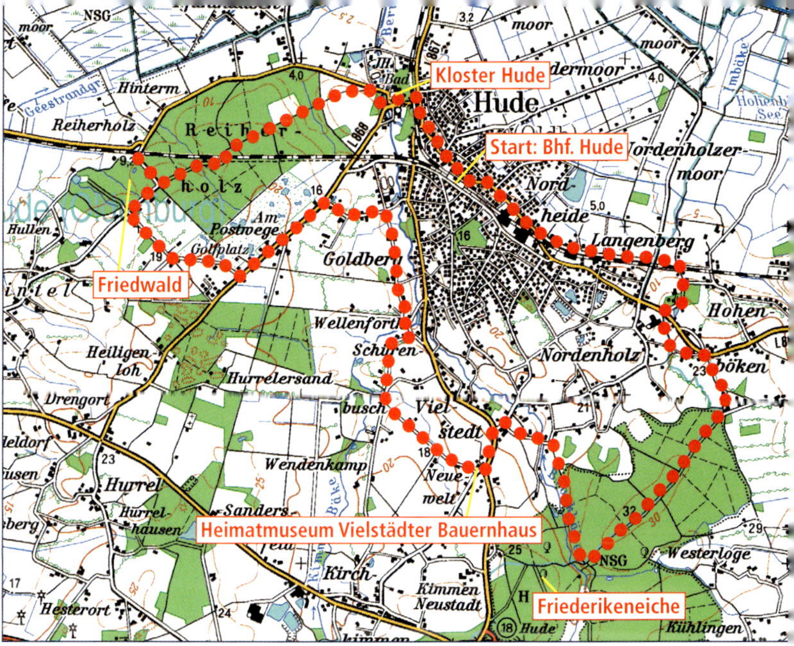


raktere! Einige der alten Eichen haben Namen, wie die **Friederikeneiche**, benannt nach der Tochter eines Oldenburger Großherzogs. Eine andere Baumgigantin, die Amalieneiche fiel leider in den 80er Jahren um. Aber es gibt noch ein weiteres Dutzend vielhundertjähriger Eichen im Hasbruch, daneben auch Hainbuchen, die älteste zählt 400 Jahre. Überall am Waldboden liegen übermooste Stämme herum und vermodernde Stümpfe ragen zwischen frischen Baumtrieben hervor.

Unser Weg zweigt jetzt vor dem Bach rechts ab und mündet in den Vielstedter Weg, dem wir auf unserer Hauptroute weiter folgen. Als schöne Alternative bietet sich etwa 800 m weiter ein kleiner Wiesenweg über die Brookbäke an, der hinter der links abzweigenden „Liebesallee“ an der Georg-Marien-Eiche vorbei ebenfalls links zu einem kleinen **See** am Waldrand führt. Dies ist ein wunderbarer Platz zum Rasten. Nach unserer Pause am See radeln wir weiter die Straße Langeföhr hoch bis zum Steinweg. Von hier geht's links in die Ahornstraße über die Vielstedter Straße hinweg geradeaus zur Straße „Neue Welt“. Hier ist das **Heimatmuseum Vielstedter Bauernhaus**.

**Vielstedter Melkhus**
Ute Tönjes
Steinweg 5
27798 Hude-Vielstedt
☎ (0 44 08) 28 65
Mai–Okt. tgl. 10–19 Uhr
Milchprodukte am Bauernhaus unter freiem Himmel

**Vielstedter Bauernhaus**
(Museum)
Am Bauernhaus 1
27798 Hude
☎ (0 44 08) 3 69
Tgl. 15–18 Uhr
1 € pro Person
Gaststube tgl. 14–1 Uhr
www.vielstedter-bauernhaus.de
Museum und Gasthaus mit viel Heimatgeschichte

Bank im Friedwald

Hinter der Kurve biegen wir in den „Nabbenkamp" ein und fahren ein langes Stück geradeaus bis „Zum Wendenkamp", in den wir rechts abbiegen. Von hier aus gelangen wir bei „Wellenfort" hinter der Linkskurve rechts zum **Wanderweg „Huder Bach"**. Ab hier können wir den Alternativweg „Am Sandfang" nehmen, der über Brücken und Stege direkt am **„Skulpturenufer"** der Auenlandschaft entlang bis zum Vielstedter Kirchweg führt. Wer abkürzen will, kommt so direkt zum Klosterbezirk Hude. Unsere Hauptroute geht jedoch am Vielstedter Kirchweg in Richtung Reiherholz weiter. An der Kreuzung mit dem Hurreler Weg biegen wir links ein und kommen wenig später auf die Hurreler Straße (L868), der wir etwa 1,5 km folgen. An der „Schaftrift" geht's rechts ab und am Ende der Lehmstraße haben wir das **Reiherholz** mit dem Friedwald erreicht.

## Besuch in einem Friedwald

Wenn wir uns von hier aus in Richtung Bahn orientieren, treffen wir auf einen Parkplatz und den offiziellen Eingang des **Friedwaldes**, einer neuen ungewöhnlichen Friedhofsform. Hier werden seit 2004 Urnen von Verstorbenen ohne Einfassung, Gedenkstein oder Grabschmuck zwischen den Wurzeln von Bäumen bestattet. Schon zu

Lebzeiten können Menschen hier einen Grabplatz wählen, den sie auf 99 Jahre pachten und den sie immer wieder besuchen können.

Wenn man durch diesen hellen wunderschönen Mischwald spaziert, entdeckt man Bäume mit kleinen Bändeln oder Plaketten – Zeichen, dass sie schon reserviert sind. Zurück im Diesseits beenden wir unseren Rundgang an einem kleinen romantischen See und kommen wieder zurück zum Ausgangspunkt. Von hier radeln wir quer durchs Reiherholz über die Bahn hinweg immer geradeaus den Linteler Kirchweg entlang bis zur **Klosteranlage Hude**.

## Geschichte begreifen

Nach dem Überqueren des Huder Baches sieht man links die Elisabethkirche und rechterhand die Ruinen des Zisterzienserklosters – wunderschön im Grünen. Auch wenn die Ruinen nur noch einen Bruchteil von der Größe haben, die einst die Gesamtanlage hatte, kann man sich das ehemalige **Zisterzienserkloster** aus dem 13. Jh. noch gut vorstellen. Drei Jahrhunderte lang blühte das Kloster durch reichliche Landschenkungen auf und mit ihm die Ortschaft Hude, bis es während der Reformation zerstört und ausgeplündert wurde.

Auf einem Rundgang kann man Reste der ehemals dreischiffigen in früher Backsteingotik gebauten **Klosterkirche** und das Abthaus besichtigen. Als einziges Klosterbauwerk blieb die einstige Torkapelle und heutige Elisabethkirche in ihrer ursprünglichen Form erhalten. Das ehemalige **Abthaus** wurde von den Oldenburger Grafen zu einem Jagdhaus und später zu einem Gutshaus umgebaut. Wer sich etwas mehr mit der Geschichte des Klosters befassen möchte, wird im **Museum Kloster Hude** bestens bedient.

Lohnenswert ist auch der Besuch der kleinen **Elisabethkirche.** Sie diente den Armen und Frauen als Laienkirche, da die damalige Klosterkirche nur den Mönchen zugänglich war. Ebenfalls im spätgotischen Stil erbaut, ist vor allem das Innere der Kirche mit den restaurierten Wandmalereien und dem Altarbild interessant.

**Museum Kloster Hude**
Von-Witzleben-Allee 1
27798 Hude
☎ (0 44 08) 68 29
Mai–Sept.
Sa/So/Fei 15–17 Uhr
2 € pro Person bei Führungen
Ausstellung mit interessanten Details zum früheren Kloster

**Galerie Klostermühle**
Von-Witzleben-Allee 2
27798 Hude
☎ (0 44 08) 5 97
Mi/Sa/So 15–18 Uhr und nach Vereinbarung.
Wechselnde Ausstellungen zeitgenössischer, internationaler Kunst.

**Klosterschänke**
Hotel/Restaurant
Von-Witzleben-Allee 3
27798 Hude
☎ (0 44 08) 77 77
Tgl. ab 12 Uhr
Selbstgebackener Kuchen, Klosterbräu und Sommerterrasse

**Elisabethkirche Hude**
Kirchstraße/Hurreler Straße
27798 Hude
Tgl. von 10–17 Uhr
☎ (0 44 08) 92 31 92
Ehemalige Klosterkapelle aus dem 13. Jh.

**Start**
Bahnhof Rastede
R7 ab Bremen HBf bis Oldenburg, dann R9 alle 2 Stunden, und 2 x tägl direkt (Fahrzeit ca. 50 Min.)

**Ziele**
Rastede, Oldenburg

**Länge**
Radtour: ca. 19 km

**Dauer**
Radtour: 2 Stunden (ohne Besichtigungen und Pausen)

**Rückfahrt**
Bahnhof Oldenburg
R7/R8 alle 30 Min (Fahrzeit 30–42 Min.)

RASTEDE – OLDENBURG

# Von Schloss zu Schloss

**Eine Tour ins Ammerland lässt sich leicht mit einem Besuch von zwei sehenswerten Kulturstädten – Rastede und Oldenburg – verbinden. Imposante Schlösser und Parklandschaften, eine abwechslungsreiche Landschaft und hübsche Fachwerkdörfer begegnen uns auf dieser Radtour.**

Vom Rasteder Bahnhof müssen wir uns nur zweimal rechts halten, um nach ein paar Metern auf die Schlossstraße zu gelangen, die geradeaus auf das **Rasteder Schloss** und den großen Schlosspark hinführt.

Dieses klassizistische Schloss hat eine wechselhafte Geschichte. Es steht auf Fundamenten und der Krypta eines Benediktinerklosters von 1100. Nach der Reformation wurde es von Graf Anton Günther zu einem Profanbau umgewandelt. So ersetzte ein Marstall das alte Abthaus und der ehemalige Mönchshof wurde in einen Lustgarten verwandelt. Spätere Grafen bauten das Schloss immer wieder um und nutzen es vor allem als Sommerresidenz. Das Schloss befindet sich noch heute in Familienbesitz des Fürstengeschlechts des Hauses Oldenburgs, zu dem auch Prinz Philip, Herzog von Edinburgh und Ehemann der britischen Königin Elisabeth gehört. Leider ist es für Besucher nicht zugänglich.

Stattdessen kann aber das zum **Erbprinzenpalais** ausgebaute Schlösschen aus dem 18. Jh. besichtigt werden. Um zu diesem zu gelangen, biegen wir vor dem Rasteder Schloss in die kleine Straße „Feldbreite" rechts ab und folgen dem Hinweisschild „Palais", das uns am Hallenbad vorbei zum „kleinen Bruder" des Herrenhauses führt.

Das Palais gehört der Stadt und wird für Ausstellungen und Kulturveranstaltungen genutzt. Im Erdgeschoss gibt es wechselnde Ausstellungen zu sehen, im Obergeschoss befindet sich die Dauerausstellung „Blick ins Ammerland", die einen Überblick über Kunst, Kultur und Geschichte des Landkreises bietet. Im Nebengebäude ist das Gemeindearchiv untergebracht. Es lohnt auch ein Spaziergang durch den kleinen Park, der im Stil des englischen Landschaftsgartens mit zauberhaft komponierten Gehölzgruppen, kleinen Gewässern und Rasenflächen so gestaltet ist, dass er uns ein weiträumiges Landschaftsbild vorspiegelt.

Über die Hauptstraße fahren wir weiter durch die Toranlage des Schlosses in den riesigen 300 ha großen **Schlosspark** hinein, der ebenfalls zu einem weithin berühmten Landschaftspark im Stile eines Englischen Landschaftsgartens angelegt wurde. Der Hofgärtner Carl Ferdinand Bosse (1784–93) brachte auch die ersten Rhododendren ins Ammerland. Sie wurden damit zum Wahrzeichen der Region. Eine eindrucksvolle, 280 m lange Rhododendronhecke bildet seit über 200 Jahren die Abgrenzung zwischen dem herzoglichen Privatgarten und dem Landschaftspark.

Viele Fuß- und Radwege führen durch den öffentlichen Teil des Parks, vorbei an dem heute nicht mehr so glanzvollem, klassizistischen Schloss. An der linken Eingangspforte entdecken wir einen großen Wegweiser, auf dem neben anderen regionalen Routen auch das Logo „Ammerlandroute“ mit Richtungswegweisern zu finden ist. Von hier ab bewegen wir uns nach dieser Ausschilderung, die uns bis ins Zentrum von Oldenburg führen wird.

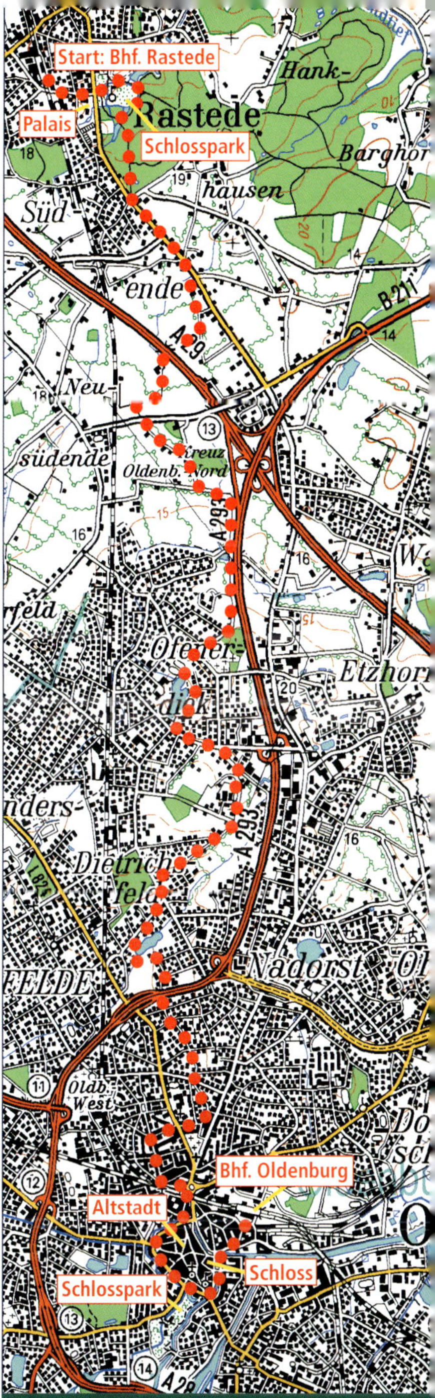

Palais Rastede

## Unterwegs durchs Ammerland

Wir verlassen den Schlosspark durch das „Hirschtor" und fädeln uns an der K131 links in Richtung Wahnbeck und Oldenburg ein. Nach 1,3 km verlassen wir die Kreisstraße wieder und biegen rechts ab. Ab jetzt können wir wieder auf ruhigen und gut befahrbaren Wegen die großteils „pottebene" Ammerländer Landschaft erleben.

Unterwegs kommen wir an Wallhecken und Altbaumbeständen vorbei, die Bauernhöfe vor Wind und Wetter schützen. Hier wachsen mächtige Eichen, die sogar im Wappen symbolisch als Baum des Ammerlandes verehrt werden.

Geprägt wird die Landschaft des Ammerlandes von Wald und Wasser, was auch im indogermanischen Namen „Ameri" zum Ausdruck kommt: Sumpfwald. Die weitläufigen Moorniederungen, die sich von den Geestrücken hin ausweiten, sind größtenteils kultiviert. Der saure Boden eignet sich gut für den Anbau von Azaleen und Rhododendren. Viele Baumschulen prägen im Wechsel mit kleineren Wäldern, offener Landschaft mit

**Palais Rastede**
Feldbreite 23
26180 Rastede
☎ (0 44 02) 8 15 52
Di–Fr, So 10–17 Uhr, Sa 14–17 Uhr
2,50 €, ermäßigt 1,50 €
Führung 20,00 € pro Person
www.palais-rastede.de
Kunst- und kulturhistorische Ausstellungen, Dauerausstellung „Blick ins Ammerland".
Baustil und Innengestaltung im Sinne des Historismus mit gründerzeitlichen Stilelementen

baumbestandenen Wallhecken und Gewässern diese Region und haben dem Ammerland die Bezeichnung „Parklandschaft" gegeben.

Bald unterqueren wir die A 29, kreuzen die K135 bei Neusüdende und fahren ein Stück parallel der A 293 entlang. An der Stadtgrenze Oldenburgs, beim Ortsteil **Ofenerdiek**, biegt unser Weg rechts ab. Hier in der moorigen Landschaft hatten im 18. Jh. die Oldenburger Grafen ihre Fischteiche. Der Name (Diek = Teich) im Niederdeutschen deutet noch darauf hin. Im 19. Jh. siedelten hier erste Bauern. Heute prägen viele locker stehende Einfamilienhäuser den Stadtteil.

Wir folgen der Ammerlandroute weiter entlang des Sees „Swarte Moor" und auf kleinen Nebenstraßen gelangen wir zu den Ortsteilen Nadorst und **Dietrichsfeld**. Mit Blick auf das Wäldchen „Großer Bürgerbusch" queren wir den Scheideweg und biegen in die Straße „Duvehorst" ein, die uns am Bürgerfelder Teich entlang weiter in Richtung Innenstadt führt. Unsere Route geht unter der Autobahn 293 durch und wir fahren jetzt auf der Ehnenstraße immer geradeaus bis zur Nadorststraße und lassen uns nicht durch fehlende Wegweisungsschilder verwirren.

Am Kreisel „Pferdemarkt" verlassen wir die Ammerlandroute und biegen unter der Eisenbahn geradeaus in die Heiliggeiststraße ein – eine hübsche Fußgängerzone, die für den Radverkehr freigegeben ist. Die Wohnbebauung Oldenburgs ist sehr niedrig, charakteristisch sind die kleinen Bürgerhäuser, die sogenannten „Oldenburger Hundehütten". Am Wallgraben, der „Haaren", haben wir den inneren Ring der Innenstadt Oldenburgs mit dem „Heiliggeistwall" und der Altstadt erreicht.

## Oldenburg

Auf dem Wall, der sich erst Heiliggeistwall, dann Theaterwall, Schlosswall und Paradewall bis zum „Stau" nennt, fahren wir halb herum und können von hier aus schon wichtige Gebäude der alten Residenzstadt erkennen, wie das Pius-Hospital, das Staatstheater und den **Pulverturm**, das letzte noch erhaltene Gebäude der mittelalterlichen Stadtbefestigung von Oldenburg. Es diente

**St. Ulrichs-Kirche**
Denkmalsplatz
26180 Rastede
( (0 44 02) 98 73 70
In der Regel von 9–16 Uhr für Besichtigungen geöffnet
Sehenswerte Kirche mit Grundmauern von 1059

**Das weiße Haus**
Südender Straße 1/Ecke Oldenburger Straße
26180 Rastede
Tel (0 44 02) 32 43
Mo–Mi, Fr/Sa ab 18 Uhr, So 12 Uhr –14.30 Uhr
Um vorherige Reservierung wird gebeten
Hochgelobtes Feinschmeckerlokal im familiengeführten, gemütlichen Ammerländer Bauernhaus

**Landesmuseum Natur und Mensch**
Damm 38–44
26135 Oldenburg
( (04 41) 9 24 43 00
Di, Mi, Fr 9–18 Uhr, Do 9–20 Uhr, Sa/So 10–18 Uhr
6 €, ermäßigt 4 €
Familienkarte 8 €
Spannende Natur- und Heimatkundethemen, Moorleichen etc.

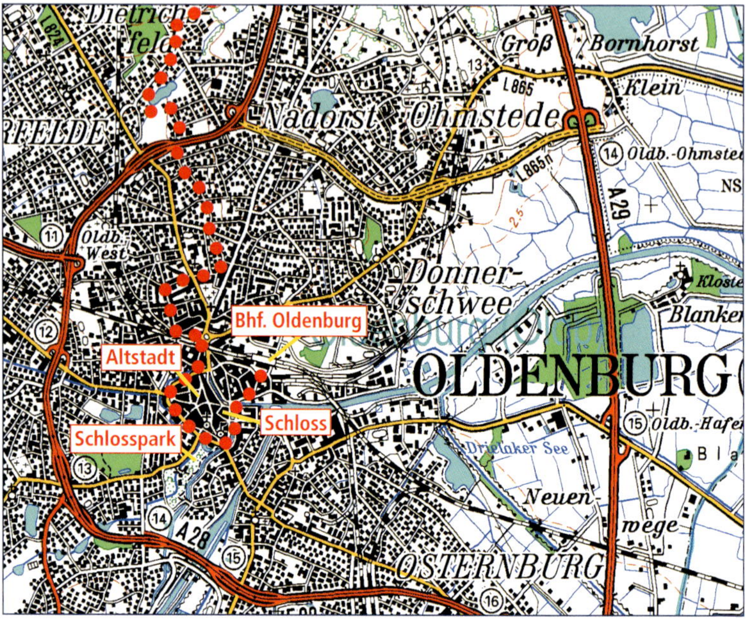


**Lambertikirche**
Markt 17
26122 Oldenburg
☎ (04 41) 1 74 64
Mo–Fr 11–16 Uhr, Sa 11–12.30 Uhr
Die Hauptkirche von Oldenburg, 13. Jh., seltene Rundkirche mit 5 Türmen

**Landesmuseum für Kunst und Kulturgeschichte**
(Schloss, Prinzenpalais, Augusteum)
☎ (04 41) 2 20 73 00
Di, Mi, Fr, 9–17, Do 9–20, Sa/So 10–17Uhr
3 € für alle 3 Häuser, Kinder ab 6 Jahren 1,50 €, Familien bis 3 Kinder 5 €

als Zwinger zur Lagerung von Schießpulver.

Rechterhand sehen wir den großen **Schlossgarten**, der hier seinen Eingang hat. Das imposante **Schloss**, das heutige **Landesmuseum für Kunst- und Kulturgeschichte**, steht in Höhe des Paradewalls, die dazugehörigen Gebäude und Museen „Augusteum" und „Prinzenpalais" liegen auf der Schlossgartenseite am „Damm". Die 1973 gegründete Universität von Oldenburg, mit Sitz in der Ammerländer Heerstraße, liegt ebenfalls nah an der City.

Auch wenn die Lage an der Hunte den Impuls für die ersten Siedlungen um 800 n. Chr. gab – die jüngere Entwicklung Oldenburgs hängt sehr stark mit den Grafen von Oldenburg zusammen. Die von ihnen errichtete Wasserburg brachte Zolleinnahmen ein und sicherte die Stadt in Kriegszeiten. Als Verwaltungs-Mittelpunkt der Grafschaft zogen viele Menschen aus dem Umland nach Oldenburg, das 1345 Stadtrechte erhielt. Im 17. Jh. ließ der populäre Graf Anton Günther die Wasserburg im barocken Stil um- und anbauen.

Das Residenzschloss erhielt unter anderem eine große Gemäldesammlung und eine Bibliothek.

Nach dem Ende der Monarchie wurde das Schloss 1923 Domizil des Oldenburger Landesmuseums für Kunst und Kulturgeschichte, mit reichlichen Kunstschätzen, die noch aus der Grafenzeit stammen. Ein Highlight sind die Bilder von Johann Heinrich Wilhelm Tischbein, dem Vertrauten des Oldenburger Herzogs Peter Friedrich Ludwig wie auch des Dichters Johann Wolfgang von Goethes.

Unmittelbar hinter dem Schloss beginnt der 1832 im englischen Stil angelegte **Schlossgarten**, der viele botanische Exoten und Schönheiten im Park und im Gewächshaus präsentiert. Auch einen See zum Bootfahren gibt es.

Zum Schluss lohnt ein Bummel durch die lebendige Altstadt Oldenburg mit ihren engen Gassen. Am alten Marktplatz steht die **Lambertikirche**, eine spätgotische Hallenkirche fünf außergewöhnlichen, bis 86 m hohen Türmen.

**Schloss Oldenburg**
Am Schlossplatz 1
26122 Oldenburg
Dauerausstellung „Kulturgeschichte einer historischen Landschaft".

**Augusteum**
Elisabethstraße 1
Werke Alter Meister (italienische und niederländischer Maler vom 16.–18. Jh., europäische Malerei von Mittelalter bis Neuzeit)

**Prinzenpalais**
Damm 1
Kunst des 19./20. Jhs. mit Schwerpunkt deutscher Impressionismus und Expressionismus (Brücke-Maler)

Oldenburger Schloss

**Radtour und Wanderung**

**Start**
Bahnhof Oldenburg
R7/R8 ca. alle 30 Min. ab Bremen Hbf
(29–42 Min. Fahrzeit)

**Ziel**
Moorlehrpfad Gellener Torfmöörte

**Länge**
Radtour: 34 km
Wanderung: 9 km (hin- und zurück)

**Dauer**
Radtour: 3 Stunden (langsames Tempo, ohne Pausen)
Wanderung:
ca. 2 ¼ Stunden

**Rückfahrt**
Bahnhof Berne
R8 alle 60 Min
(36 Min. Fahrzeit)

GELLENER TORFMÖÖRTE

# Wo der Moorfrosch quakt

**Natur pur – das wird uns entlang des Moorlehrpfads der „Gellener Torfmöörte" garantiert. Im unter Schutz gestellten Restmoor bewegen wir uns auf engen, feuchten Pfaden und entdecken in Tümpeln Torfmoose, Callas und blühendes Wollgras. Über Moordörfer und die Huntebrücke erreichen wir Berne.**

Vom Oldenburger Bahnhof (Südausgang) radeln wir in die Güterstraße, von der wir dann links in den „Stau" abbiegen. Hier folgen wir der Radroutenführung der „Route um Oldenburg" und dem alten Streckenverlauf des Hunteradwegs in östliche Richtung. Nun geht's an Hafen, Wassertürmen und der interessanten Klappbrücke vorbei immer an der Nordseite der Hunte entlang. Sobald wir die Autobahn hinter uns gelassen haben, können wir aufatmen und die frische Luft und Ruhe der Feuchtwiesen in der Wesermarsch genießen.

Unterwegs kommen wir an den **Bornhorster Huntewiesen** vorbei, die als weitläufiges Feucht-Grünland unter Naturschutz stehen. Sie sind ein wichtiges Brutgebiet für bedrohte Wiesenvögel sowie ein großes Rastgebiet für ziehende Gänse, Enten und Schwäne. Vom höher gelegenen Weg „Neuer Wulfsdeich" aus, der links hinter der Ausschilderung des Hunteradwegs abzweigt, kann man von Herbst bis Frühjahr die rastenden Vögel besonders gut beobachten.

Vor der Landstraße nach Moorhausen geht's anschließend rechts ab in einen Deichweg, der parallel zum „Morriemer Kanal" verläuft. Hier radeln wir weiter in das weiträumige **Moorhauser Poldergebiet** hinein, das als Hochwasser-Auffangbecken der Hunte dient.

Nach etwa zwei Kilometern biegen wir links in den Carstenweg ein, der uns zum Ort **Paradies** führt! Hier herrscht wirklich eine paradiesische Stille – nur Vogelgezwitscher und das Muhen der Kühe nehmen wir wahr.

**Informationen zu Mooren:**
Weser-Marsch-Moor e.V.
☎ (0 44 01) 81 95 5
www.weser-marsch-moor.de

Tümpel in der Gellener Torfmöörte

Wie bei den meisten Moordörfern, liegen auch in Paradies die Bauernhöfe mit ihren schmalen Parzellen wie an einer Perlenkette aufgereiht entlang der Hauptstraße.

Hinter Paradies radeln wir in Richtung Moordorf weiter und biegen nach wenigen Metern links in den Gellener Damm ein. Hier kommen wir an einem netten Rastplätzchen vorbei, das schön beschattet in einem Waldstück liegt. Bis zur Abzweigung „Odamm" geht's geradeaus, dann biegen wir links ab. Nach einem kurzen Stück ist der Weg für den Kraftverkehr gesperrt, dahinter beginnt das Naturschutzgebiet **Gellener Torfmöörte** und unser Wiesen-Wanderweg.

Hier kommen wir wahrlich ins Paradies, denn das Gellener Moor ist mit seinen Hochmoor- und Niedermoorflächen, Teichen, Torfstichen und Moorheiden besonders schön. Das 120 ha umfassende Naturschutzgebiet gehörte ehemals zu dem 6000 ha großen Ipwegermoor, dem wildesten und unzugänglichsten Moor Deutschlands, das um 1900 kultiviert wurde. Seit 1984 ist dieses Hoch- und Übergangsmoor als Naturschutzgebiet ausgewiesen. Hier findet man die Sumpfpflanze „Drachenwurz" und zahlreiche Libellenarten.

**Führungen durch die Gellener Torfmöörte**
Touristik-Information der Stadt Elsfleth
An der Kaje 1 a
26931 Elsfleth
✆ (0 44 04) 98 90 81
Mo–Fr 8.30–17 Uhr
Apr.–Sept. So voraussichtlich auch 14–17 Uhr

**Melkhus Imke Harms**
Huntorfer Damm 2
26931 Elsfleth-Fuchsberg
☎ (0 44 85) 3 38
Mitte Apr.–3. Okt.,
Mo 13.30–18 Uhr,
Di–So 10.30–18 Uhr
Erfrischungen am Hof:
Milch, Milchmixgetränke,
Milchcafé, Eis oder andere
regionale Köstlichkeiten
Bei größeren Gruppen
Anmeldung erwünscht.

Wir folgen dem breiten Rasenweg immer geradeaus und biegen den breiten 3. Weg rechts ab, der auf die Kreuzung Südweg/Gellener Damm führt.

An dem rechterhand ausgewiesenen Parkplatz finden wir die Wandertafel, die uns per pedes auf engen Pfaden nochmals in das Moorgebiet einlädt. Der mittlere Weg (1,2,3) ist ein traumhafter Weg und Lehrpfad und wirklich zu empfehlen. Hier kann man zwischen hohem Pfeifengras und Birken feuchte Moorsümpfe und Moorteiche mit hübschen Beobachtungsplätzen entdecken. Um nicht auf der Asphaltstraße zurücklaufen zu müssen, kehren wir auf dem grünen Weg um und kommen auf unserem Lieblingspfad wieder zu unserem Fahrrad zurück.

Von hier aus radeln wir auf der asphaltierten Straße „Heiddeich" weiter in Richtung des gut

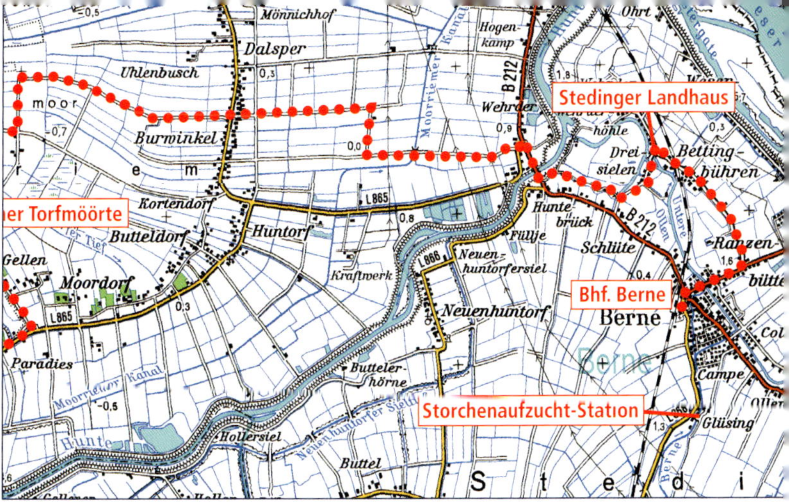


sichtbaren Melkhus-Wegweisers. Eine schöne Erfindung sind die Melkhüser, denn hier finden Radler unkonventionell ein schönes Plätzchen zum rasten und können sich günstig mit frischen Milchprodukten und Milchcafé zum Weiterradeln stärken.

Wir folgen jetzt dem Huntorfer Damm weiter bis zur Landstraße 864, in die wir links abbiegen. Kurz danach geht's nach rechts in die Straße „Burwinkler Hellmer", der wir bis zur Kreuzung der Landstraße L865 folgen. Von hier können wir schon die **Hubbrücke Huntebrück** sehen, über die wir in Kürze hinüber radeln. Hier hat man einen herrlichen Blick über die Hunte. Hinter der Brücke biegen wir links auf den Schlüterdeich und kurz darauf rechts in den Lichtenbergersiel, der uns weiter auf landschaftlich schöner Strecke an der Ollen entlang zu „Dreisielen" führt.

Über Bettingbühren erreichen wir in kurzer Zeit **Berne.** Die kleine Gemeinde nennt sich auch gern „Venedig der Wesermarsch". Ohne Zweifel liegt der Ort malerisch an den beiden Flüssen Berne und Ollen. Im hübschen Ortszentrum steht die Kirche St. Aegidius aus dem 12. Jh. Interessant ist auch die Storchenpflegestation im Berner Ortsteil Glüsing. Unter fachkundiger Führung kann man ein Weißstorchengelände besichtigen, in dem kranke Tiere gepflegt werden.

**Stedinger Landhaus**
Bettingbührener Str.51
27804 Berne-Dreisielen
☎ (0 44 06) 7 63
www.stedinger-landhaus.de
Beliebtes Hotel-Restaurant, mit Biergarten und Badestelle an der Ollen.

**Storchenpflegestation**
Udo & Anke Hilfers
Storchenweg 6
27804 Berne-Glüsing
☎ (0 44 06) 18 88
www.storchenstation.de
Keine festen Öffnungszeiten, um vorherige Anmeldung wird gebeten, die Besucher werden geführt.
Kein Eintritt.

**Rundwanderung oder Radtour**

**Start**
Bahnhof Bad Zwischenahn
R7 alle 120 Min. ab Bremen Hbf (49 Min.)

**Länge**
12,5 km, zusätzliche Radtour zum Rhododendronpark Bruns 5 km (hin- und zurück)

**Dauer (Radtour)**
ca. 1 Stunde, zusätzliche Tour plus ½ Stunde (reine Fahrzeit)

**Dauer (Wanderung)**
3 Stunden (ohne Pausen und Besichtigungen)



# Rund ums Meer

**Wer sich gerne am Wasser erholt, ist in Bad Zwischenahn genau richtig. Entlang des großen Sees erstreckt sich eine abwechslungsreiche Parklandschaft mit knorrigen Eichen und Rhododendren. Am Ufer gibt es schöne Badestrände. Außerdem bietet sich Gelegenheit für ausgiebige Boots- und Schiffstouren.**

Unsere Rundwanderung um das Zwischenahner Meer beginnen wir vom Bahnhof aus in Richtung See und Ortszentrum. Über die Schulstraße erreichen wir nach 500 Metern den **Marktplatz** mit dem großen Wels-Springbrunnen und der St. **Johanneskirche** aus dem 12. Jahrhundert. Von hier biegen wir in östlicher Richtung in die Straße „Am hohen Ufer" ab, wo wir uns auf dem ersten Stück der ausgeschilderten **Rhododendronroute** an den Highligts von Bad Zwischenahn vorbeiführen lassen.

Das Zwischenahner Meer hat die Bezeichnung „Meer" nicht von ungefähr, denn mit seinen 526 ha ist das Gewässer Niedersachsens drittgrößter See. Zusammen mit Bad Zwischenahn ist das „Meer" das unangefochtene touristische Zentrum des Ammerlandes. Der See entstand vor etwa 12.000 Jahren, als in der Weichseleiszeit unterirdische Salzstöcke einstürzten. Er ist 2,8 Kilometer lang, 2 Kilometer breit und bis zu 5 Meter tief. Im Zwischenahner Meer leben unter anderem Aale, Karpfen und auch Wollhandkrabben. Vieles davon kann man in Restaurants oder Fischläden probieren und kaufen.

Die Uferzonen des Sees bieten mit ihrem breitem Schilfgürtel zahlreichen Vögeln wie Blässhühnern, Rohrdommeln und Fischadlern einen geschützten Lebensraum. Zur Erhaltung des Schilfgürtels und zum Schutz der Tiere sind Motorboote auf dem See verboten und die Anzahl der Surfer wurde eingeschränkt. Auch darf nur an den ausgewiesenen Stränden gebadet werden.

**Schifffahrten mit der Weißen Flotte**
Rund- und Überfahrten ab Bad Zwischenahn, Rostrup und Dreibergen
Apr.–Okt. tgl. 10–18 Uhr alle 80 Min.
☎ (0 44 03) 30 56
www.weisse-flotte-zwischenahn.de
Überfahrt/Rundfahrt: 6 €/8,50 €, Kinder bis 15 Jahre 3,80 €/5 €, Fahrrad 2 €

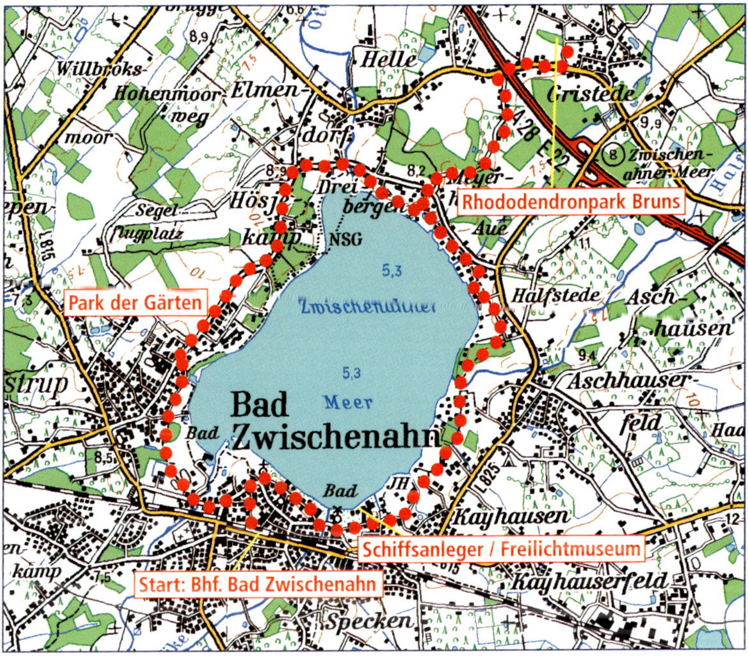


Die traditionelle **Weiße Flotte** bietet den Besuchern von drei Anlegern aus Rundfahrten und Überfahrten an. Vor allem auf der **Südseite** des Sees finden sich jede Menge touristische und Kureinrichtungen. Bad Zwischenahn ist wegen seiner klaren Luft und des milden Reizklimas schon seit 1919 ein „Bad". Kur- und Rehabilitationseinrichtungen stehen direkt am Ufer. Im Wellenhallenbad kann man ganzjährig baden.

Das denkmalgeschützte **Alte Kurhaus** von 1874, heute genutzt als „Haus des Gastes" und Bibliothek, liegt im historischen Kurpark. Letzterer ist mit kleinen Kunstwerken gespickt und lädt zum Lustwandeln ein. Auch das große **Freilichtmuseum** mit wiederaufgebauten, historischen Bauernhäusern und einer Mühle ist einen Besuch wert.

Besonders schön ist es in Bad Zwischenahn zur Rhododendronblüte in der Zeit von Mai bis Juni. Zwei größere Rhododendrenparks können von Blumenliebhabern besucht werden – der **Park der**

**Ammerländer Bauernhaus**
Am Hogen Hagen
26160 Bad Zwischenahn
☎ (0 44 03) 20 71
Okt. und März tgl. 11–17, Apr.–Sept. tgl. 10–18 Uhr, Nov.–Feb. geschlossen
Eintritt für alle Gebäude und Mühle 3 €, Kinder ab 15 Jahre 1,50 €,
Nur Ammerländer Bauernhaus:1 € , Kinder ab 15 Jahren 0,75 €,
Freilichtmuseum am Südufer des Zwischenahner Meeres mit 14 Gebäuden, die eine Hofanlage bilden.

Die St. Johannes-Kirche steht im Zentrum von Bad Zwischenahn

**St. Johannes-Kirche**
Lange Straße
26160 Bad Zwischenahn
☎ (0 44 03) 9 37 60
Tgl. 10–17 Uhr, Nov.–Feb. 11–16 Uhr
Romanische Kirche aus dem 12. Jh. mit Fresco im Alterraum aus dem 16. Jh.

**Fischerei Rabben**
(mit Aalräucherei)
Jürgen Oetken
Dreiberger Straße 37
26160 Bad Zwischenahn
☎ (0 44 03) 83 42
www.fischerei-rabben.de
Apr.–Okt. tgl. 9–19 Uhr
Besichtigungen für Gruppen ab 10 Personen nach Anmeldung jederzeit, für Einzelpersonen jeden Mi 14.45 Uhr
3 €, Kinder 1,50 €

**Gärten** (Ortsteil Rostrup) und der **Rhododendronpark** von Bruns in Grisede/Wiefelstede, der allerdings etwas abseits unserer Route liegt, aber mit dem Rad schnell erreichbar ist. Aufgrund des küstennahen Klimas mit hoher Feuchtigkeit und milden Wintern sind die Bedingungen zur Aufzucht dieser Pflanzen im Ammerland besonders günstig. Auch die sauren Böden der hiesigen Heide- und Moorlandschaften tragen zur guten Entwicklung von Rhododendren bei.

Hinter dem Kurpark führt unser Weg teilweise weg vom Wasser, denn die kleineren Wege zum Wasser enden leider oft vor Privatgrundstücken. An Bootsstegen, Badestellen, Eichenwäldchen und Wiesen vorbei knickt unsere „Rododendronroute“ auf dem „Freesebusch“ in Höhe Halfstede auf die L 825 ab. Wir folgen nun dem parallel zum See verlaufenden Weg bis zur Dreiberger Straße. Nach knapp 1 km gelangen wir zur **Fischerei Rabben mit Aalräucherei**, die ein echter Geheimtipp ist. Hier können wir uns an Mittwochnachmittagen oder nach telefonischer Anmeldung vom Eigentümer alles über die Zwischenahner Fischerei erklären lassen und beim Räuchern von Aalen zusehen. Seit Jahrhunderten werden im Zwischenahner Meer Aale gefangen und als beliebte „Smoortaale" geräuchert.

Von hier aus haben wir auch bald den nördlichen Ortsteil **Dreibergen** erreicht, auf dessen drei Erhöhungen Mitte des 12. Jahrhunderts eine Burganlage der Ammerländer Grafen von Elmendorf gestanden haben soll. Wenn man von der Straße in den Wald hoch wandert, kann man auf Informationstafeln die rekonstruierte Geschichte nachlesen.

Zurück an der Dreiberger Straße können wir vom Schiffsanleger aus ganz bequem mit einem Schiff der Weißen Flotte zurückschippern und das Zwischenahner Meer vom Wasser aus erleben. Hier bei Dreibergen finden wir auch eine schöne Badebucht.

Wenn wir aber unsere Wanderung, die wir

**Rhododendron Park**
(Baumschule Bruns)
Gristeder Str.
26160 Bad Zwischenahn
(Gristede)
☎ (0 44 03) 60 14 00
www.bruns.de
Wunderschöner Privatpark mit über 1000 verschiedenen Rhododendron- und Freilandazaleensorten
Ganzjährig geöffnet
Eintritt frei

**Park der Gärten**
Elmendorfer Str. 65
26160 Bad Zwischenahn
☎ (0 44 03) 81 96-0
www.park-der-gaerten.de
Mai–3. Okt. Mo–So 9.30–18.30 Uhr

Wanderweg bei Bad Zwischenahn

Bei einer Rundtour um das Zwischenahner Meer findet man idyllische Plätze

**Wasserturm**
Dränkweg
26160 Bad Zwischenahn
Apr.–Sept. 9–18 Uhr
Eintritt frei
1937/38 erbauter Turm vom bekannten Architekten Prof. Fritz Höger mit 35 m Höhe und 180 Stufen, fantastischer Ausblick über das Zwischenahner Meer.

etwa zur Hälfte geschafft haben, fortsetzen wollen, können wir uns jetzt auf einen besonders schönen Streckenabschnitt freuen. Gegenüber vom Parkplatz an der Dreiberger Straße verläuft der schöne „**Seeweg**", der sehr romantisch entlang alter Eichen direkt ans Ufer führt. Bleiben wir an der Hauptstraße, kommen wir direkt am **Park der Gärten** vorbei, das als ehemaliges Areal der Landesgartenschau von 2002 heute weiterhin mit über 40 Themengärten für Garten- und Naturfreunde offen steht. Für einen Besuch sollte man sich allerdings genügend Zeit nehmen.

Auf unserer Wanderung am Wasser laufen oder fahren wir am Rand des Ortsteils Rostrup an zwei weiteren Badestellen vorbei. Auch ein Besuch im Freilichtmuseum oder die Aussicht vom 35 m hohen **Wasserturm** auf die schöne Zwischenahner Parklandschaft bieten sich noch als Ziele am Ende unserer Wanderung an. Wer noch nicht die Ammerländer Spezialitäten gekostet hat, dem sei noch eine deftige Brotzeit mit leckerem Schwarzbrot und Ammerländer Schinken oder Mettwurst ans Herz gelegt.

## Die Legende vom Wels oder: „Nessie" im Zwischenahner Meer

In uralter Zeit gab es mitten im Zwischenahner Meer eine Insel, auf der ein prunkvolles Schloss gebaut war. Hier residierte der Junker Alwin, ein bärtiger Hüne mit rotblondem Haar und edlem Gemüt. Seine größte Leidenschaft war neben dem Fischen das „Frollein von Oldenburg".

Die aber war dem Zaren versprochen, und obwohl sie genauso tiefe Zuneigung zu Alwin empfand, musste sie im Alter von 21 Jahren an den Hof nach Petersburg ziehen, um an der Seite ihres Gatten zu leben.

In der Nacht des Abschieds schwor der enttäuschte Junker seiner Liebsten ewige Treue und dass er nie im Leben wieder seine Insel verlassen werde. In den folgenden Jahren voller Einsamkeit und Gram vollzog sich an der Statur des Junkers eine seltsame Veränderung, und in einer apokalyptischen Gewitternacht genau fünf Jahre nach der leidvollen Trennung hatte er sich in einen großen Wels verwandelt.

Unter Donner und Blitzen versank gurgelnd die ganze Insel samt Schloss in den Fluten des tobenden Zwischenahner Meeres. Als am Morgen danach die Septembersonne wieder schien, konnten die staunenden Fischer nur noch ein silbernes Funkeln tief am Meeresboden ausmachen. Wenn jetzt sich nachts der Mond besonders rund im See spiegelt, gleitet ein uralter großer Wels mit rotem Bart laut- und scheinbar ziellos an der Oberfläche seines Reiches dahin. An heißen Sommertagen schläft im Palast der Tiefe nicht Monster oder Fisch, sondern die treue Seele aus tausendundeiner Vollmondnacht.

Heute erinnert der riesige bronzene Wels auf dem Markplatz von der Geschichte und jedes Jahr im Oktober wird ein Fest zu Ehren des Welses veranstaltet – vielleicht auch in der Hoffnung, dass er sich doch einmal persönlich blicken lässt, denn es hat ihn bisher niemand zu Gesicht bekommen.....

Radrundtour
Badetour

**Start**
Bahnhof Nordenham
R8, alle 1–2 Stunden ab Bremen Hbf
(Fahrzeit 67–70 Min.)

**Ziele**
Blexen, Burhave

**Länge**
40,5 km (Hin- und Rückfahrt), Besuch der Morseer Mühle zusätzlich 4,5 km

**Dauer**
4 Stunden (reine Fahrzeit ohne Besichtigungen und Pausen, langsames Tempo)



# Ausflug an die Küste

**Das Meer ist näher als man denkt: Mit der Bahn können wir die Wesermündung und Nordenham schon in etwa einer Stunde von Bremen aus erreichen! Diese Tour in die Wesermarsch ist wie ein geschenkter Urlaubstag. Wir erleben die Küste per Rad am Deich entlang – mit frischer Brise und klarem Blick aufs Wasser. Unterwegs machen wir Halt in Blexen und erholen uns am Strand in Burhave.**

In Nordenham starten wir am Bahnhof rechts in die Deichgräfenstraße und folgen bis Burhave der Ausschilderung der **Deutschen Sielroute**, die uns in Richtung Einswarden/Blexen aus Nordenham an die Küste führt. Kommen wir zuerst noch durch Wohngebiete und beim Industriegebiet "Friedrich-August-Hütte" vorbei, führt uns in **Einswarden** die Sielroute jetzt an den Seedeich. Nun sind wir nahe am Wasser und haben von oben eine gute Aussicht auf die breite Wesermündung und auf die Stadt Bremerhaven am anderen Ufer.

Hinter dem Hafenanleger radeln wir links am Segelflugplatz vorbei und haben auch schon das uralte Dorf **Blexen** und die **Kirche St. Hippolyt** erreicht, die bereits im Jahre 789 urkundlich wurde. Von hier starteten im Jahre 1189 Segelschiffe zur Teilnahme am 3. Kreuzzug. Seit 1566 ist St. Hippolyt mit ihrem hohen Turm auch ein Seezeichen. Die Kirche liegt auf einer Deichwurt – einem gegen Hochwasser künstlich erhöhter Hügel – und ist umgeben von einem alten Wurtenfriedhof mit den für die Marsch so charakteristischen Grabkellern. Berühmt wurde die Kirche auch durch die wertvollen Holzschnitzarbeiten des Bildschnitzers der Barockzeit **Ludwig Münstermann**, der den Altar 1610 schuf. Sein Sohn Johann Münstermann fertigte 1638 die Kanzel. Auch verschiedene Holzskulpturen rechnet man der Werkstatt Münstermanns zu. Sehenswert ist

**Bürgerbus**
Ein Verein bietet ab den Sommerferien 2008 mit ehrenamtlichen Kräften eine Buslinie für max. 8 Personen an, die von Nordenham über Burhave, Tossens etc. Fahrgäste transportiert. Fahrpläne unter: www.buergerbus-budjadingen.de

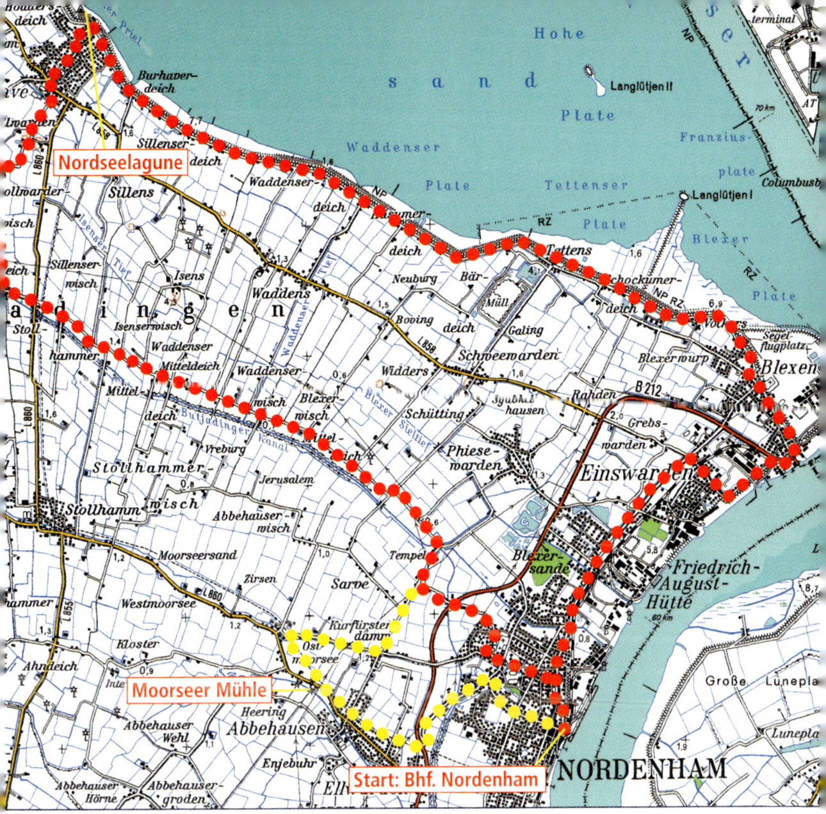


auch die Sakramentsnische aus spätgotischer Zeit, die in einem „Scheingrab" das Martyrium des hl. Hippolyt, Patron dieser Kirche zeigt.

Nach Besichtigung der Kirche verlassen wir Blexen wieder, das als „das letzte Dorf vor Amerika" zu Zeiten der Auswanderungen Ende des 19. Jhs. galt. Wir fahren nun von der Kirchenwurt hinunter auf die Deichstraße und finden in der ersten Abzweigung rechts den Weg, der uns auf der Sielroute bis nach Burhave führt. Am Husumer Deich besteht die Möglichkeit, auch ein Stück vor dem Deich mit Blick aufs Meer zu radeln.

**St. Hippolyt-Kirche**
Blexen
☎ (0 47 31) 3 11 04
Tgl. 8–17 Uhr geöffnet
Kirchenführungen im Kirchenbüro anmelden
Historisch bedeutsamste und älteste Kirche der Wesermarsch

## In Burhave

Am Burhaver Strandbad lohnt eine längere Pause, um den Blick, die Wellen und das Meer zu genießen. Waren früher nur „Grasstrände" vorhanden und Besucher mussten auf die kurzen

Strandallee bei Nordenham

Flutphasen warten, um baden zu können, gibt es hier seit einigen Jahren die **Nordseelagune**, einen zum Meer hin vorgelagerten, künstlich angelegten Meerwassersee, der mit einer Miesmuschelreinigungsanlage sauber gehalten wird. Hier gibt es die Möglichkeit auch bei Ebbe im Meer zu baden und sich auf dem aufgeschütteten Sandstrand zu sonnen – gegen Eintritt. Außerdem kann man noch auf einem 200 m langen Wattensteg Richtung Meer spazieren – oder auf einem Kunst-und Erlebnispfad auf dem Deich wandeln.

**Alleecafé**
Strandallee 28
Nordseebad Burhave
26969 Butjadingen
☎ (0 47 33) 2 36
Di–So 14–18 Uhr
Kuchen, Eis, Kaffee und Tee im Sommer- und Wintergarten

## Zurück nach Nordenham

Wir wenden uns nun zum Ort Burhave. Von der Weserstraße aus kommen wir an dem idyllisch gelegenen Kirchplatz mit der St. Petri-Kirche vorbei und biegen dann links in die Butjadinger Straße ein. Der nächste Abzweig nach rechts führt uns heraus aus Burhave und am Mühlenstumpf vorbei nach Hollwarden.

Dieses kleine Wurtendorf umfahren wir links oder rechts und bleiben auf dem Wirtschaftsweg bis zum **Mitteldeich**, dem historischen **Ochsentriebweg**. Hier wurden im 18./19. Jh. gemästete Ochsen aus Butjadingen nach Nordenham getrie-

**ffn Nordseelagune**
Burhave
Apr.–Sept. tgl. 10–18, bei gutem Wetter bis 20 Uhr
3 € mit Kurkarte, 4 € ohne Kurkarte, 8/10 € Familientageskarte, 2 € nach 18 Uhr
Tide-unabhängiges Baden im Meerwassersee, viele Sport- und Spielmöglichkeiten

ben und vom Pier aus nach England verschifft. In der Blütezeit wurden so viele Ochsen nachgefragt, dass sie mit einer neugebauten Eisenbahnlinie über den ehemaligen Bahnhof Stollhamm verladen wurden. Heute gibt es diesen Handel nicht mehr, aber ein beschilderter „Ochsenweg" gibt Auskunft über diese Wirtschaftsgeschichte, die eng mit der Entstehung Nordenhams verbunden ist.

Auf dem Mitteldeich biegen wir links ab und radeln etwa 10 km den Deichweg in östliche Richtung immer am Butjadinger Kanal entlang und haben dabei schöne Einblicke in das Naturschutzgebiet **Stollhammer Wisch**, das mit seinen Feuchtwiesen eine hohe Artenvielfalt an Vögeln und Pflanzen aufweist. Wenn wir hier zur richtigen Jahreszeit im Frühjahr sind, können wir eine Vielzahl an Vogelarten beobachten; neben den größeren wie Kiebitzen, Rotschenkeln und anderen vielleicht auch das kleine Blaukehlchen oder die Goldammer – auf jeden Fall sollte man ein Fernglas dabeihaben. Die Wiesen werden auch heute noch mit Rindern beweidet, allerdings im Rahmen einer behutsamen Vertragslandwirtschaft, die die Lebens- und Brutmöglichkeiten der Vögel schützt. Am Ende des Deiches biegen wir bei „Trumpfhörne" rechts in die Serverstraße ab.

Bevor wir jetzt in Richtung Atenserfeld nach Nordenham weiter radeln, entscheiden wir uns, ob wir einen Besuch im hübsch restaurierten Museum **Moorseer Mühle** machen. Hierfür müssen wir etwa 4,5 km mehr einkalkulieren und kommen dann über Abbehausen ins Zentrum von Nordenham zurück.

Bleiben wir auf unserer Hauptroute, biegen wir links in den Bauernweg ein, kommen unter der Bundesstraße 212 hindurch und radeln immer geradeaus am Ortsrand entlang, bis die Straße rechts abknickt. Noch 130 m weiter, dann geht's links in den Wehrdeich, dem wir bis zur Atenser Allee folgen. Hier biegen wir rechts ab und queren dann diese Hauptstraße ein Stück später, um zum Plaatweg zu kommen. Fern vom Straßenverkehr folgen wir jetzt der grünen Parkverbindung bis zum Zentrum Nordenhams.

**Museum Moorseer Mühle**
mit Mühlencafé
Butjadinger Straße 132
26954 Nordenham-Abbehausen
☎ (0 47 31) 8 89 83
www.museum-moorseer-muehle.de
April–Okt. Di–So 10–17 Uhr, Di und Mi Backtag
Nov.–März So 14–17 Uhr, Gruppen nach Anmeldung
2 €, Kinder ab 6 Jahren 1 €
Ausstellungen, Mühlencafé mit Kuchen, Selbstbacktage zum Mitmachen unter Anleitung

**Museum Nordenham**
Hansingstraße 18
Nordenham
☎ (0 47 31) 8 88 31
15. Juni–14. Sept. Di–Fr 10.30–17, Sa 14–17 Uhr
April–14. Juni, 15. Sept.–Okt. Di–Sa 14–17, So 10.30–17 Uhr
Nov.–März Sa 14–17, So 10.30–17 Uhr
2 €, Kinder ab 6 Jahren 1 €, Familienkarte 5 €
Ausstellungen über die Geschichte Nordenhams und die Seefahrt

# Register

## A



## B



## C



## D



## E



## F



## G



## H



## I



## J



## K



## L



## M

120
Bus
670
Sony Ericsson
Cyber-shot
Jetzt kommt der Fahrplan auf Ihr Handy!
Alle Linien, alle Strecken, alle Zeiten: jetzt zum Download unter
www.vbn.de/mobil
Verkehrsverbund Bremen/Niedersachsen
VBN